D1725486

Jürgen Mladek

Professor Dathe
und seine Tiere

Biografie

Das Neue Berlin

Inhalt

Die Erinnerung ist das einzige Paradies,
aus dem wir nicht vertrieben werden können.

Jean Paul, deutscher Schriftsteller, 1763–1825

Vorwort

Professor Dr. Dr. Heinrich Dathe war 80 Jahre alt und hatte das größte Paradies Europas erschaffen, als er einen Monat vor seinem Tod von hartherzigen Bürokraten daraus vertrieben werden sollte. Er hatte dieses Paradies selbst geplant, den Grundstein dafür gesetzt, Tausende mit seiner Begeisterung für eine grüne Arche Noah mitten in Berlin angesteckt. Aus einer Brache, durchsetzt von Kriegstrümmern, wurde so ein blühender Garten – über Jahrzehnte entstand ein einzigartiger Park, der für ungezählte bedrohte Tiere zu einer neuen sicheren Heimat wurde. Sie fanden von hier ihren Weg zurück in die freie Wildbahn, vom Aussterben bedrohte Arten zogen hier endlich wieder Nachwuchs auf, 90 Millionen staunende Besucher wurden zu Entdeckern und ließen sich anstecken von der Begeisterung des obersten Tiergärtners ihres Landes.

Professor Dathe, der legendäre Gründungsdirektor des Tierparks Berlin: Er hat sein Leben so geführt, wie es der Denker Jean Paul allen Menschen auftragen wollte: voller Freude am Leben in all seiner Vielfalt, grenzenlos offen für die Wunder unserer Welt, für neue Erkenntnisse, für die Freude am Großen und Kleinen. Er häufte damit im Tierpark einen gewaltigen Lebensschatz an, den er nicht, wie manch anderer Zoodirektor, eifersüchtig hütete, sondern nur zu gerne mit Millionen Tierparkbesuchern teilte. Er begründete durch seine Arbeit einen Wissensschatz, der Fachkollegen auf der ganzen Welt faszinierte. Und er schuf sich damit einen Erinnerungsschatz, der ihn auch durch die bitteren Tage der geplanten Vertreibung aus seinem Paradies trug.

Jean Paul konnte nicht ahnen, welche Mittel der moderne Mensch dereinst ersinnen würde, um erst gar keine eigenen Erlebnisse und Erinnerungen entstehen zu lassen. Statt ein eigenes Paradies zu errichten, machen heute viele die Fernbedienung zum Kerkermeister ihrer Seele. Ihr Blick reicht nur bis zum nächsten Bildschirm, und verlassen sie doch einmal das Haus, verhindern Kopfhörer, dass sie den Weckruf der Natur vernehmen können. Abstumpfung im Alltagstrott, sinnlos verrinnende Lebenszeit, an deren lethargischem Ende beim Blick zurück nur eine Wüste bleibt, wo doch eigentlich ein Paradies erblühen sollte. Schuld daran ist natürlich nicht die moderne Technik, sie macht es nur noch viel einfacher, alle Sinne für das Leben mit einem endlosen Mahlstrom von Banalitäten zu betäuben. Schon vor Jahrtausenden dachten die Philosophen darüber nach, wie der Mensch den Wert des Lebens schätzen lernen, wie er sich den Freiraum schaffen könnte, sich selbst zu finden. Und viele verzweifelten beinahe daran, wie groß die offensichtliche Sehnsucht ihrer Mitbürger nach schneller Ablenkung war. Sei es in den römischen Tavernen oder in den Amphitheatern oder durch die Scheinbefriedigung, die sie in atemloser Tätigkeit fanden. Lärmende, leere Existenzen, denen die Philosophen mit gewagten Gedankengebäuden entgegentraten und sich wunderten, dass sie nur so wenige erreichten.

Auch Professor Dathe hatte sich ganz und gar dem Kampf gegen emotionale und intellektuelle Verarmung hingegeben. Sein Rezept dafür war allerdings ganz einfach, und vielleicht wirkte es deshalb auch so gut und half Millionen: Er zeigte den Menschen das Leben – in einer Fülle und Tiefe, die einmalig war. Er wurde so ein Prediger des Sehens, Denkens, Fühlens. Er wollte und konnte den Menschen neue Einsichten und Erfahrungen schenken. Er weckte mit dem Blick aufs Spektakuläre ein Interesse, das sich später auch dem Kleinen, Alltäglichen zuwenden sollte, dem Wunder vor der Haustür. So reichte sein Wirken bis weit in den Alltag der Menschen. Deshalb denken auch heute noch so viele voller Dankbarkeit an ihn. Die Erinnerung an »ihren« Professor Dathe, der in vielen schon zu Kinderzeiten die Freude am Leben und Entdecken weckte – auch die lässt sich nicht vertreiben.

Durch sein Wirken und den Tierpark als seinem großartigen und immer weiter wachsenden Nachlass legte Dathe bei vielen Menschen den Grundstein dafür, dass sie sich ihr eigenes Erinnerungsparadies aufbauen konnten – Erinnerungen nicht nur an schöne Tage im Tierpark, sondern auch an die Abenteuer im Alltag, die auf diese Initialzündung folgen sollten.

Dieses Buch will zeigen, wie einem sächsischen Buben dieses Wunder gelang. Wer ihn auf diesem erstaunlichen Weg begleitet, kann dabei für sich selbst vielleicht sogar manche mögliche Weichenstellung für einen Weg zum eigenen Glück entdecken. Außerdem ist dies ein Erinnerungsbuch für einen Mann, der bis zum letzten Atemzug und mit Erfolg gezeigt hat, dass es sich lohnt, für seine Vision vom Paradies zu kämpfen.

Kapitel 1

Tierischer Trost

Ein kränkliches Einzelkind, der Vater ein Büromensch durch und durch, überkorrekt bis zur Pedanterie und mit einem ausgeprägten Hang zur Vereinsmeierei: Der kleine Heinrich, der da am 7. November 1910 in Reichenbach im sächsischen Vogtland in eine kleine Welt geboren wurde, hatte eigentlich die allerbesten Voraussetzungen für eine Karriere als graue Maus. Und das allererste Foto zeigt den Jungen tatsächlich mit einer Maus in der Hand. Dass seine Tiere später immer größer und exotischer werden sollten, dass der Professor Dathe dereinst weltumspannende Korrespondenzen zur Zoologie führen würde, bei einem Großvater, der nicht einmal lesen und schreiben konnte – ein völlig unvorhersehbarer Weg.

Die Großmutter hielt zwar allerlei Haustiere, aber wer tat das nicht in den damaligen Zeiten, wenn der Geldbeutel noch weniger hergab als das Grundstück.

Kaninchen gab es da, Hühner, Enten und Ziegen. Wie alle Kinder war auch der kleine Heinrich ganz vernarrt in die Tiere, besonders wenn es Nachwuchs gab. Doch anders als die meisten, sollte er diese Freude sein ganzes Leben lang bewahren und nie vergessen, wie glücklich ihn diese Erlebnisse machten. Und er sollte alles versuchen, um dieses Glück mit anderen Menschen zu teilen.

Am bewegendsten ist vielleicht eine Episode aus dem Jahr 1958, weil sie deutlicher als alle großartigen Eröffnungen neuer Tieranlagen, deutlicher als alle Meldungen von immer neuen Besucherrekorden zeigt, was Dathes eigentlicher Antrieb war: der einzelne Mensch, der durch eine besondere Begegnung mit der Natur zu seinem inneren Frieden finden konnte.

Dathe war damals schon drei Jahre Tierparkdirektor in Berlin, erste Erfolge konnten bereits gefeiert werden. Aber nun blickten Zoologen zum ersten Mal richtig neidisch auf Berlin, denn hier wurde gerade einer der extrem seltenen Pandabären gezeigt. »Chi-Chi« war der erste Europa-Besucher seiner Art seit mehr als 20 Jahren, eine zoologische Kostbarkeit – die Menschen stürmten den Tierpark. Solche Attraktionen sind bei Zoologen die pädagogische Entsprechung zum Holzhammer: Man traf damit viele auf einen Schlag. Aufwachen! Staunen! Und dann, beim weiteren Rundgang, vielleicht auch lernen, dass es noch viel mehr zu entdecken gibt. Dathe verachtete die Menschen nicht dafür, dass sie sich so leicht von einem besonders drolligen oder putzigen Tier begeistern ließen. Ganz im Gegenteil, das zeigte ja, dass ihre natürlichen Anlagen noch funktionierten und geweckt werden konnten.

Als Profi ließ Dathe sich davon natürlich nicht anstecken. Als Mensch aber freute er sich herzlich mit den begeisterten Besuchern.

Und dann war da eine Berlinerin, die nicht dabei sein konnte. Erst 30 Jahre alt und doch schon unheilbar krank, eine Tierfreundin, die im Sterben lag und so gerne diesen Panda noch gesehen hätte. Sie las in der Zeitung alles darüber und träumte davon, dieses wundervolle Tier auch noch zu sehen.

Als Dathe davon erfuhr, war für ihn ganz klar, was zu tun war. Man musste dieser armen Frau ihren sehnlichsten Wunsch erfüllen, selbst wenn der Panda dafür ein paar Unannehmlichkeiten auf sich nehmen musste. Bei dem, was dann geschah, wären heute mehrere Fernsehsender und

Fotografen dabei, ein Konzern würde als Sponsor auftreten, und mit Sicherheit gäbe es hinterher große Reden. 1958 aber gab es keinen Medienrummel, auch die Politik schlug kein Kapital aus diesem Ereignis, mit dem man so wundervoll die menschliche Überlegenheit des Sozialismus über den schnöden Kapitalismus hätte dokumentieren können. Es gab also keine großen Tiere, sondern nur ein paar kräftige Männer, die eine schwere Kiste vier Treppen hochschleppten. Im Krankenzimmer der Frau stellten sie die Kiste vor das Bett und öffneten sie. Dathe hinterließ, was dann geschah: »Über das Gesicht der vom Tode gezeichneten Frau huschte ein zufriedenes, glückliches Lächeln. Wir legten ihre Hand auf das Fell des kostbaren Tieres, das sich nicht manierlicher hätte benehmen können. Das war unser schönster Lohn für die Mühen, das bestätigte und bekräftigte mich in unserem Auftrag, die Menschen an die mit uns lebenden Geschöpfe heranzuführen, an die Brüder im anderen Kleid.«

Dachte Dathe bei der Aktion vielleicht auch an den kleinen Jungen, der gut 40 Jahre davor ebenfalls auf den Tod erkrankt war und fiebernd im Bett lag? Und daran, wie glücklich dieses Kind war, als die Großmutter mit zwei neugeborenen Zicklein an seinem Krankenlager erschien und ihm eines der Tiere zum Streicheln auf die Brust legte? Der Junge überstand damals die schwere Lungenentzündung; die Großmutter war sicher, dass es auch an der guten Ziegenmilch lag. Bald hüpfte er schon wieder barfuß zur Schule. Schuhe waren nämlich ein Luxus, auf den die Familie zumindest im Kriegssommer 1917 verzichten musste.

Der Vater war da schon lange nicht mehr zu Hause, er war beim Militär in Frankreich und Belgien. Drei Frauen kümmerten sich um den kleinen Heinrich: Tante, Mutter, Großmutter. Mit dem Lesenlernen konnte es ihm nicht schnell genug gehen, weil er doch endlich die Tierbücher verstehen wollte. Schon bald erreichten den Vater im Feld rührende Zeilen aus der Feder des Siebenjährigen. Der Vater hütete diese Briefe wie einen Schatz und sammelte sie sorgsam in einem eigenen Album. Ein Auszug aus dem allerersten Schreiben: »Lieber Papi! Hurra acht junge Häschen sind da. Ach freue ich mich …« In einem anderen Brief bejubelt das Kind Entennachwuchs und berichtet begeistert von einem Besuch im Zirkus.

Diese Schreiben müssen tiefen Eindruck auf den Vater gemacht haben. Denn obwohl er selbst in seinen Buchstaben und Zahlen aufging und sich für seinen Jungen zunächst nichts mehr gewünscht hatte als eine Karriere als Jurist, erkannte er, dass nichts gegen diese Leidenschaft für Tiere ankam. Und so unterstützte er schließlich das zoologische Interesse seines Sohnes, wo er nur konnte.

Bald gab es deshalb im Hause Dathe auch ein Mikroskop, mit dem der Junge zunächst Pantoffeltierchen und später Insekten erforschte. Und mit dem alten Opernglas der Oma beobachtete er Vögel.

Aus heutiger Sicht sind das wohl eindeutige Hinweise für ein außerordentliches Interesse an der Tierwelt, aber in einem Leben ohne Fernseher und Computer erlebten ja alle Kinder ihre Abenteuer noch draußen; die Welt entdeckten sie nicht mit Maus und Fernbedienung, sondern mit ihren Augen und Ohren. Der kleine Heinrich war da also noch einer von vielen, die sich als kleine Forscher durchs Schilf schlugen und Frösche jagten oder versuchten, ein Vogelnest aufzuspüren. Doch er hielt es immer länger als die anderen in Schilf und Schlamm aus, er ertrug mehr Mückenbisse und ging noch tiefer ins Unterholz. Und ein Aufsatz des inzwischen Zwölfjährigen lässt erkennen, dass für Heinrich Dathe wirklich ein anderer Weg als für seine Klassenkameraden bestimmt war. »Wenn ich einmal reich wäre«, lautete das Thema der Arbeit, die Kinder sollten ihrer Fantasie freien Lauf lassen. Der artige Heinrich schrieb natürlich zuallererst, dass er seine Eltern mit seinem Reichtum bedenken würde. Aber dann wurden seine wahren Träume sichtbar, er schrieb und schrieb, und es war wie ein Bauplan, der 40 Jahre später im Alfred-Brehm-Haus des Tierparks in Berlin Realität werden sollte: »Endlich ließe ich mir eine große Halle bauen, die von unten geheizt werden könnte, damit tropische Hitze erzeugt würde. In diese müsste vorher eine dicke Schicht Erde gebracht werden, damit ich ausländische Gewächse wie Palmen, Kakteen, Apfelsinen, Zitronen und Bananenbäume einsetzen könnte. Auch Tiere wie Schlangen, Eidechsen, Kolibris, Insekten, Faultiere, fliegende Hunde und Affen müssten die Halle beleben. Ein Wasserbehälter dürfte auch hier nicht vergessen werden, damit Krokodile und Alligatoren ein beschauliches Dasein führen könnten. Möge Gott mir wenigstens einen Teil dieser Wünsche in Erfüllung gehen lassen.«

Heinrich Dathe wurde zwar nie ein reicher Mann, ein Tierparkdirektor verdiente nur rund 2 000 Mark der DDR. Für den gleichen Job werden heute ganz andere Gehälter gezahlt. Aber sein Kindheitstraum sollte nicht nur zum Teil in Erfüllung gehen, sondern mit einem Reichtum und einer Vielfalt, wie er es nie zu hoffen gewagt hatte. Und er sollte ihn mit einer selbstlosen Freude genießen. Noch in seinem letzten Tierparksommer 1990 sah man ihn oft an den Anlagen stehen, hochbeglückt, wenn trotz der Veränderungen im Land viele Menschen kamen und der Funke der Entdeckerfreude übersprang. Seinem Sohn Falk hat sich dieses Bild seines Vaters tief eingeprägt, denn das waren die seltenen Momente, in denen der sonst pausenlos tätige Mann endlich auch einmal nur genießen konnte, was er geschaffen hatte. Ein alter Mann abseits des Rummels, umweht vom Toben ausgelassener Kinder, versunken in den Anblick der Anlagen und der Menschen, die sie bestaunten, versunken auch in die dankbare Erinnerung daraus, wie alles seinen Anfang nahm. Aber er stand nie lange so da. Schon ein kurzer Vogelruf holte ihn sofort wieder in die Gegenwart zurück, erfrischte seinen Geist und schärfte seinen Blick. So wie es die Vögel sein ganzes Leben getan hatten. Denn sie ließen seiner Leidenschaft für die Tiere Flügel wachsen.

Kapitel 2:
Wie der Leidenschaft Flügel wuchsen

Der junge Heinrich hasste Geräteturnen. Das Reck eine Folter, der Barren eine Qual, jede Turnstunde eine Tortur. Sein ganzes Leben sollte aus ihm kein Sportler werden, Ausdauer hatte er nur bei der Arbeit und bei seinen unzähligen Exkursionen, wo er allerdings bis ins hohe Alter seine Begleiter mit einer erstaunlichen Fitness überraschte. Vielleicht lag es daran, dass er in seinem ganzen Leben nur zwei Zigaretten rauchte und auch Alkohol mied. Man sah ihn nur bei festlichen Anlässen mit einem Glas Wein. Ein Sportler war er also nicht, und singen konnte er auch nicht – obwohl sein Vater, der in 20 Vereinen Mitglied war, natürlich auch in den örtlichen Sport- und Gesangsvereinen, es gerne gesehen hätte, wenn sein Sohn dort eine gute Figur gemacht hätte. Heinrich hatte zwar keine Flausen im Kopf, aber dafür jede Menge Federn und Flügel. Denn nichts im weiten Tierreich faszinierte ihn noch mehr als die Vögel. Später sollte ihm das durch alle Stürme des Lebens helfen. Die Vogelkunde lehrte ihn außerdem fast alles, was er später für die Verwirklichung seiner hochfliegenden Pläne brauchte: wie man etwas beginnt und dann trotz aller Schwierigkeiten zur Meisterschaft bringt.

Den ersten Schritt zu machen – nirgendwo ist das einfacher als in der Ornithologie. Sie kann an jedem Fenster ihren Anfang nehmen und überall betrieben werden. »Was für ein Vogel ist denn das?« Diese einfache Frage kann der Aufbruch in eine neue Welt voller neuer Fragen sein. Wenn man wirklich Antworten sucht, wenn man die Sache ernst nimmt und einen die Leidenschaft richtig packt, dann tut sich hinter diesem ersten Schritt ein gigantischer Kosmos auf, der nur mit eiserner Disziplin, endloser Geduld und unermüdlichem Forschergeist durchdrungen werden kann.

Und Heinrich nahm diese Frage sehr ernst. Tausende Seiten Beobachtungseinträge in seinen Notizbüchern in seiner akkuraten Handschrift, beginnend mit dem 14. Lebensjahr bis zu seinem 80. Geburtstag, legen davon Zeugnis ab. Dazu kommen die zahllosen Veröffentlichungen in Fachzeitschriften, die er herausgab. Es ist erstaunlich: Alle kennen den Tierparkdirektor, aber den Vogelkundler Dathe übersehen viele. Dabei ist der eine ohne den anderen undenkbar, denn die Beschäftigung mit den Vögeln war der eigentliche Kompass seines Lebens.

Ornithologen müssen nämlich unendliche Optimisten sein. Auf eine erfolgreiche Beobachtung kommen tausend vergebliche Anläufe. Am anderen Tag steht man dann doch wieder da und versucht es erneut – egal, ob einen Stechmücken quälen oder Dornengestrüpp bedrängt, man durch den Matsch stiefelt oder in feuchten Wiesen steht. Frustrationstoleranz nennt man das heute. Und wenn man dann endlich doch »seinen« Vogel, dem man schon so oft vergeblich nachspürte, gefunden hat, ist er weggeflattert, bevor man absolut sicher sein kann, dass es nicht vielleicht doch nur ein Exemplar einer verwandten Art war. Wer es dann gleich am nächsten Tag wieder versucht, am übernächsten Tag noch einmal und die Woche darauf wieder – alle Achtung, so einem kann man auch eine Sisyphusarbeit wie den Aufbau eines Paradieses aus Kriegsruinen zutrauen!

Ornithologen müssen zudem äußerst präzise sein. Kleinste Unterschiede in Farbe und Form von Federn,

Füßen und Schnäbeln müssen nicht nur gesehen, sondern auch haargenau dokumentiert werden, um sie mit anderen Beobachtungen vergleichen zu können. Und weil man schlecht gleichzeitig beobachten und schreiben kann, brauchen Ornithologen ein wahres Elefantengedächtnis. Durch jahrelanges Training wird es zwar immer leichter, auch kleinste Details »im Flug« zu erkennen, doch der Weg dahin ist weit.

Wer dieses Training aber einmal begonnen hat, der entdeckt um sich herum viel mehr als seine Mitmenschen, dem wird jeder Spaziergang zum Geschenk, der sieht nicht einfach nur einen Vogel vorbeifliegen, sondern erkennt auch sofort, welche Art es ist; er hält nach dem Nest, der Futterquelle oder dem Partner Ausschau. Kurzum, er ist den Schritt vom Sehen zum Verstehen gegangen, und nichts macht mehr Freude, als die Welt bewusst wahrzunehmen und ihre Vielfalt zu erkennen. Wer so aus Wissen Freude schöpfen kann, der ist immun gegen Anfälle von Trübsal, gibt es doch zu viel zu entdecken für einen wachen Verstand, der es, wie jeder gut trainierte Muskel, liebt, wenn man ihn gebraucht, und dadurch nur noch schneller und stärker wird.

Mit einem Baum vor dem Fenster fing es an, später sollte der riesige Tierpark Dathe helfen, den Blick der Menschen dafür zu öffnen, dass auch vor ihrem Fenster zu Hause das Geheimnis des Lebens darauf wartet, entdeckt zu werden. Dathe hat dabei mehr erreicht als viele andere. Bis zuletzt hatte er Freude daran, an seine eigenen ersten Schritte zu denken und die Menschen auf einen ähnlichen Weg zu führen.

Angefangen hatte es in der Weinholdschule in Reichenbach: Ein Dr. Mertig, Mitglied eines kleinen Kreises von Vogelliebhabern, unterrichtete Dathes Klasse in Naturkunde, im Frühjahr gerne bei offenem Fenster, um den

Kindern den Gesang der Vögel zu erklären. Dathes erste Erinnerung ist die an eine Kohlmeise. Mit seinem Onkel Paul und Omas altem Opernglas unternahm er dann seine ersten eigenen Expeditionen in die heimische Vogelwelt. Der Junge träumte sich dabei bis nach Afrika, wohin er die Zugvögel in seiner Fantasie begleitete, er verschlang den kompletten Brehm, um zu wissen, welche anderen Tiere seine Vögel dort treffen würden. Ungeduldig wartete er auf die ersten zurückkehrenden Schwalben, mit Feuereifer beobachtete er das Brutgeschäft der Amseln, registrierte beglückt ihren Schlupftag, beobachtete entsetzt, wie Elstern ganze Nester plünderten. Und er stellte sich viele Fragen: Woher lernen die Vögel nur das Geheimnis des Nestbaus? Allein mit dem Schnabel bewerkstelligen sie ein kunstvolles Flechtwerk, das einen Menschen zur Verzweiflung bringen würde. Woher wissen sie, wohin sie fliegen müssen, welche Beeren giftig sind? Und wie schaffen sie es überhaupt, sich in die Luft zu erheben? Unermüdlich suchte er nach Antworten. Auch wenn er viele in Büchern oder durch eigene Erfahrungen fand, blieb da noch so viel, was er lernen wollte. Aus dem Hobby wurde eine Leidenschaft, die ihn schließlich auch zum Studium der Naturkunde an die Universität Leipzig führte. Dort sollten dem disziplinierten und fleißigen Studenten (in diesem Punkt geriet er ganz nach seinem Vater) Flügel wachsen. Er beschäftigte sich geradezu obsessiv mit seinen Vögeln; dreimal die Woche fand man ihn morgens um vier schon auf den Beinen, um draußen Feldforschung zu betreiben.

Ein Stausee in der Umgebung wurde zu seinem Lieblingsobjekt, das er zusammen mit Freunden im Schichtdienst später sogar täglich beobachtete. Alle Entdeckungen wurden geteilt und gemeinsam ausgewertet. Eine ungewöhnliche Teamarbeit, denn unter Ornithologen sind einzelgängerische Sonderlinge bis heute eher die Regel, gerne hüten sie ihre besten Beobachtungsplätze wie ein Staatsgeheimnis. Dathe und seine Studienfreunde dagegen boten sogar Führungen in die Reviere besonders seltener Vögel an – hier zeigte sich schon die Freude des späteren Tierparkdirektors, sein Wissen und seine Begeisterung mit anderen Menschen zu teilen. Allzu viele waren es natürlich nicht, die die Eigenheiten des Bruchwasserläufers oder des Mittelsägers kennenlernen wollten, aber das bremste den Elan des Vogelliebhabers nicht. Vor dem Leipziger Ornithologischen Verein hielt Dathe dann auch erste Vorträge.

Obwohl er um die Ecke vom Leipziger Zoo wohnte, zog es ihn viel eher in die Natur, und eine Karriere als Zoologe hatte er bei seinem Studienbeginn auch nicht im Sinn. Er, der die Vögel so liebte, hielt Zoos »für eine Art Gefängnis für Tiere« und träumte davon, einmal eine Vogelwarte zu leiten oder reisender Forscher zu werden.

Tatsächlich sollte er bald darauf auf Reisen gehen – aber ganz anders als geplant. Er musste in den Krieg ziehen.

Doch auch hier, mehr noch als je zuvor oder später in seinem Leben, gab ihm die Liebe zu den Vögeln Kraft. Das Grauen, das Europa fest im Griff hielt, konnte er immer wieder für einige Momente vergessen. Sogar auf dem Schlachtfeld konnte er Hoffnung auf ein besseres Morgen schöpfen, wenn er einen Flügelschlag vernahm oder aus dem Augenwinkel eine vertraute Art erkannte. Inmitten von so viel Blut, Chaos und Elend entdeckte er immer wieder auch das Versprechen auf ein anderes Leben.

Dathe hatte zunächst Glück, er landete beim Infanterieregiment 11, einem ehemaligen Traditions-Jägerbataillon. Obwohl er sein ganzes Leben nichts für die Jagd übrighatte, war er doch froh, dass er hier auf viele Kameraden traf, die im zivilen Leben in verschiedenen Forstberufen tätig waren. Während das Regiment bei Köln auf seinen Einsatz im Westen wartete, unternahm er an dienstfreien

Tagen mit einigen von ihnen sogar ornithologische Exkursionen ins Oberbergische Land. Er konnte den Stumpfsinn in der Kaserne einfach nicht ertragen, dieses ereignislose Warten in der Masse. Angewidert sollte er später notieren, es sei kein Wunder, dass die Armee den Menschen erst zerstören müsse, damit man ihn später gegen all seine Natur zum Sterben schicken könne. Sein Lebenshunger aber war größer als der vorgegebene Trott, er ließ sich von der Apathie im Angesicht des Unvermeidlichen nicht anstecken. Er zog also los in das für ihn unbekannte Beobachtungsterrain, und wie immer zeichnete er auch hier alles genauestens auf. Lange nach dem Krieg wurden die Ergebnisse dann in einer Fachzeitschrift veröffentlicht, denn auch in seiner Zeit als Soldat hatte Dathe manches beobachtet, was bis dahin noch unbekannt war. Sonst passierte im Wartestand so wenig, dass Dathe sich das einzige Mal im Leben einen Bart wachsen ließ. Eine Albernheit, wie er fand, die er sich später nie wieder gestattete. Seine Abneigung gegen unrasierte Gesichter sollte noch legendär werden.

Nach endlosen Monaten kam dann der Einsatzbefehl, in Fußmärschen von bis zu 70 Kilometern täglich ging es an die Westfront. »Wir tranken (unterwegs) wie das liebe Vieh aus völlig grün veralgten Gräben, holten Wasser aus Brunnen, in denen tote Katzen lagen.« Aber selbst auf diesem brutalen Vormarsch hatte er noch ein Auge für seine Umwelt: Beim Überqueren der Somme beobachtete er fasziniert Blessrallen, die sich von der Anwesenheit der deutschen Armee nicht im Geringsten stören ließen.

Die Absurdität der gewaltigen Kriegsmaschinerie hätte nichts eindringlicher verdeutlichen können als dieses Nebeneinander von Tötungsindustrie und Naturidyll.

Kurz darauf traf Dathe sogar auf Kolibris – bei der Besetzung eines französischen Dorfes fand er im Jagdzimmer eines alten Gutshauses eine Sammlung der ausgestopften Tiere. Es juckte ihn in den Fingern, aber gesetzestreu, wie er war (in Leipzig hatte er sich für seine Vogelexkursionen gewissenhaft Genehmigungen besorgt, darin war er seinem Vater ähnlich, der bei einem Verbotsschild nicht einmal einen Waldweg betrat), ließ er es doch bleiben. Ein Plünderer wollte er nicht werden, nicht einmal, um damit ein heimisches Museum zu beglücken. Später im Tierpark allerdings sollte er eine vielbeachtete Kolibri-Zucht aufbauen.

Am 6. Juni 1940 begann auch für Dathe nach Monaten des Wartens und des ereignislosen Marschierens der Krieg mit aller Wucht. Seine Einheit rückte auf das Dorf Marchélepot vor, er wurde als Melder einem Spähtrupp zugeteilt. Und was entdeckte dieser unglaubliche Soldat als Erstes? Die »lieblichen Blüten des Ackergauchheils«. Diese Pflanze hatte er schon seit Wochen sehen und seinen botanisch interessierten Kameraden vorführen wollen. Er war ganz enttäuscht, dass niemand sich dafür interessieren wollte.

Kurz darauf pfiffen die Kugeln vom Kirchturm, Dathes Nebenmann fiel, von einem Kopfschuss tödlich getroffen, zu Boden. Dathe selbst fühlte am rechten Oberarm einen harten Schlag und konnte ihn nicht mehr bewegen. Nach diesem Knochenschuss durchlitt er Schmerzen und Todesangst, während das Gefecht weiter tobte. Schließlich gelang es Dathes Einheit, das Dorf einzunehmen; die Sanitäter begannen, sich um die Verletzten zu kümmern. Dathe sollte gleich abtransportiert werden. Doch obwohl sein Arm wirklich schlimm aussah, hatte er sich schon wieder gefangen und trat seinen Platz im Sanitätstransport zunächst an einen Kameraden ab, dessen Verletzung noch übler aussah.

Danach hat man ihn einfach vergessen. Viele Stunden musste der Verwundete allein und voller Schmerzen ausharren. Für andere wäre diese Nacht vielleicht zu einem Trauma geworden, das sie nie überwunden hätten, aber Dathe war plötzlich wieder voller Vitalität und Lebensmut. Da! Das war doch ein Wachtelhahn, der da durch das Unterholz marschierte. Aber was gab der denn für seltsame Laute von sich? Ein völlig neuartiger Ruf, der so noch nirgendwo beschrieben war. Fasziniert lauschte der Zoologe und versuchte, sich diesen Ruf genau einzuprägen, um ihn später exakt beschreiben zu können. Verwundet wie er war, dachte der Wissenschaftler in ihm sogar hier bereits über eine Veröffentlichung dieser Neuheit nach.

Erst viel später konnte Dathe beim intensiven Studium der Fachliteratur feststellen, dass dieser Ruf schon zuvor gehört und beschrieben worden war – er war fast ein wenig enttäuscht darüber. Aber in dieser Nacht fesselte ihn der Ruf des Vogels so sehr, dass für Verzweiflung kein Platz blieb. Die Nähe zu den Tieren hielt den Schrecken des Krieges auf Distanz, seine eigene Verwundbarkeit erschien ihm klein und unbedeutend neben der Faszination des Lebens. Doch der Blutverlust schwächte ihn immer mehr.

Es war schon nach Mitternacht, als endlich jemand sein Fehlen bemerkt hatte und er doch noch abgeholt wurde. 30 Mann aus seinem Bataillon waren gefallen. Auf dem zentralen Verbandsplatz sah er grauenhafte Wunden. Den Anblick wird er nie vergessen. Einem Franzosen hatte ein Schuss von der Seite beide Augen herausgerissen. So viel sinnloses Leid, so viel Elend und Tod. Kein Wunder, dass Dathe sich nach diesen Erlebnissen noch mehr seinen ornithologischen Forschungen verschrieb.

Dathe landete zunächst in einem Lazarett am Rhein, wo er schon auf der Terrasse wieder mit seinen Vogelbeobachtungen begann. »Es war mir zu allen Zeiten ein Lebensbedürfnis«, schrieb er später über diese Leidenschaft.

Im nächsten Lazarett in Chemnitz sollte er fünf Wochen bleiben. Er hatte starke Schmerzen in seinem zerschossenen Arm – aber endlich auch Ruhe für die geliebte Fachliteratur, die ihm seine Mutter ans Krankenlager brachte. »An diese geruhsame Zeit des ungestörten Studierens denke ich heute noch gerne. So etwas kam nie wieder«, erklärte Dathe später. Sein Körper war zwar angeschlagen, der Geist aber hellwach und immer hungrig nach Betätigung – als im Alter seine physischen Kräfte langsam schwanden, sollte seine Umgebung erneut über diese Wachheit staunen.

Als der Arm wieder bedingt zu gebrauchen war, kam Dathe schließlich zu einer Genesungskompanie nach Dresden, später nach Leipzig. Der dortige Zoodirektor, Professor Schneider, hatte sich für seine Versetzung starkgemacht, denn Dathe hatte als Student durch einen Nebenjob im Zoo und danach als Assistent einen bleibenden Eindruck bei dem Direktor hinterlassen. Und umgekehrt: Durch Professor Schneider hatte Dathe seine Abneigung gegen Zoos bald überwunden und sich dann, wie bei allem, was er anfasste, voll und ganz eingebracht. Außerdem war der Zoo ja auch ein Vogelparadies.

Neben seinem Schreibstubenjob beim Bataillonsstab blieb Dathe noch genügend Zeit, sich um die Zoobelange zu kümmern. Das machte ihm Freude – bis zum Frühjahr 1944. Ein furchtbarer Luftangriff mit Splitterbomben verwandelte auch den Zoo der Messestadt in ein Schlachthaus, ganze Tiergruppen wurden vernichtet, Dathe watete buchstäblich durch Blut. Der Schrecken des Krieges war plötzlich ganz nah, suchte nun auch das Land heim, von dem das Grauen seinen Ausgang genommen hatte. Zusammenbrechende Fronten, mörderische Durchhalteparolen, immer sinnlosere Opfer von Menschenleben, der Untergang rückte näher. Und doch fiel es mitten in diesem gewaltigen Chaos aus Tod und Vernichtung jemandem ein,

Dathe wieder fronttauglich zu schreiben. Dieser Tierverrückte mit seinem lädierten Arm war offenbar immer noch gut genug zum Sterben!

War es dann einfach nur Glück? Oder hatten Dathes Freunde in der Wissenschaft doch noch Möglichkeiten, einem ihrer hoffnungsvollsten Talente zumindest eine Chance aufs Überleben zu gewähren? Dathe blieb auf jeden Fall der Einsatz an der nahen Ostfront erspart, wo kein Vogel mehr sang, wo nur massenhaftes Sterben war. Dathe erhielt seinen Marschbefehl in Richtung Italien.

Auch hier war die Armee bereits in Auflösung begriffen, der nahende Zusammenbruch spürbar, der Vormarsch der Alliierten unaufhaltsam. Jeden Tag herrschte Todesgefahr durch Tieffliegerangriffe. Und Dathe? Er bekam das natürlich alles mit, er wusste, was seinem Land bevorstand und auch, dass jeder Tag der letzte sein konnte. Um ihn herum Ohnmacht, Fatalismus, Depression und Chaos. Wer konnte, betrank sich – aber darin war Dathe schon als Student nicht besonders gut.

Etwas anderes konnte er dafür wie kein Zweiter: Die Augen offen halten. Staunen. Entdecken. Neugierig bleiben. Das Leben festhalten. Er belauschte Zwergohreulen und stellte in Verona fest, dass Turmfalken tatsächlich auch Fledermäuse erfolgreich bejagen können. Bis dahin galten Turmfalken als Bodenjäger, die ihre Beute in der Regel nicht im Flug schlagen können und sich deshalb eher mit Feldmäusen begnügen. Wer hätte gedacht, dass sie auch auf die wendigen Fledermäuse Jagd machen können. Dathe war fasziniert von diesem Schauspiel – und veröffentlichte auch das später. Während eine Armee ihrem Ende entgegen taumelte, nahm er sein Notizbuch und widmete sich ganz seinen Forschungen.

April 1945. Das Ende des Kriegs, jeder spürte es, war zum Greifen nahe. Der Tod aber auch immer noch. Dathes Einheit befand sich im Bombenhagel der gegnerischen Flugzeuge auf dem Rückzug, es ging nach Norden in Richtung Alpen, kurz freie Fahrt, dann der nächste Fliegeralarm. Dathe suchte im Straßengraben Deckung, dann lächelte er. Vor diesen Fliegern hatten vielleicht seine Kameraden Angst, aber er doch nicht. Es konnte eigentlich jedes Kind sehen, dass das keine Bomberformation war, sondern nur vier Graureiher! Also weiter! In den Alpen schließlich endete die Flucht des Konvois, die Pässe waren besetzt, und ein heftiger Schneeeinbruch verhinderte jedes Entkommen zu Fuß, sechs Kameraden Dathes bezahlten den Versuch mit ihrem Leben.

Er blieb also im Tal, im Norden die unpassierbaren Gipfel, im Süden der anrückende Feind. Trotzdem entdeckte Dathe auch hier wieder mehr als nur die eigene Angst, die viele Kameraden lähmte. Er beobachtete interessiert, dass auch viele Vögel vor dem plötzlichen Schnee ins Tal flüchteten, und immer wieder hörte er den Ruf des seltenen Wiedehopfes.

Er wusste, was er tun würde, wenn dieser Krieg endlich vorbei sein würde, er hatte genug davon gesehen, was Menschen Menschen antun konnten: Er würde mit und für die Tiere leben. Und so wartete er zwischen Bangen und Hoffen auf das Ende.

Seine Geduld wurde auf eine harte Probe gestellt. Denn der nächste – und letzte – Marschbefehl führte ihn wieder in Richtung Süden. Den Amerikanern entgegen, allerdings nicht zum letzten Kampf, sondern zur geordneten Kapitulation und Gefangennahme.

Es waren surreale Szenen, die sich da in Bozen abspielten. Die US-Einheiten hatten noch nicht die Kapazitäten, um mit so vielen Gefangenen fertig zu werden, und auch keine Ahnung, was sie mit ihnen überhaupt anfangen sollten, so dass die Deutschen sich weiter – und das auch noch unter Waffen! – frei bewegen konnten. Eine in der Kriegsgeschichte einzigartige Situation. Es kam sogar vor, dass deutsche und amerikanische Soldaten in der gleichen Kneipe vom Rotwein der Italiener kosteten, die diese Umstände ebenfalls nicht fassen konnten. Eine besiegte Armee, die beim Gläschen Bardolino darauf wartet, dass man sie endlich gefangennimmt, und in der Zwischenzeit dem Sieger zuprostet. Man hätte dieses Chaos, und sicherlich auch viele Momente davor, dazu nutzen können, sich abzusetzen, die Flucht in die Heimat zu versuchen. Doch Dathes Charakter sah diese Option einfach nicht vor. Von Kind an war er auf Pflichterfüllung und Gehorsam gedrillt worden. Es greift jedoch zu kurz, darin nur eine Untertanengesinnung zu sehen. Denn gleichzeitig hätte er es auch nicht über sich gebracht, nur für sich selbst den Vorteil zu suchen und seine Kameraden im Stich zu lassen. Außerdem hatte er an sich selbst den Anspruch, absolut verlässlich zu sein. So hielt er es sein ganzes Leben – und so forderte er es später als Chef auch selbst konsequent ein. Dathe blieb also an seinem Platz, und der war dann endlich doch auf einem Lastwagen in Richtung eines englischen Kriegsgefangenenlagers: 5 000 Mann auf einer staubigen Ebene bei Rimini.

Gerüchte über schreckliche Szenen in der Heimat machten die Runde, keinerlei Perspektiven für sich, seine Familie, seine Berufung und sein Land. Hinzu kam die verordnete Untätigkeit, wo er doch seinen Geist sonst immer in Bewegung hielt. Hier in diesem Lager fühlte er zum ersten und letzten Mal in seinem Leben eine so tiefe Hilflosigkeit, dass er an Selbstmord dachte. Kämpfen – wofür? Arbeiten – woran? Hoffen – worauf?

Diese staubige Ebene war das Ende seiner Welt. Er wollte Schluss machen. Doch in diesen finstersten Momenten der Hoffnungslosigkeit erschien ihm – wie Noah die

Taube – ein Vogel als Bote der Hoffnung. Ein herrlicher Rotkopfwürger geriet in sein Blickfeld, und es war ihm wie ein Wink des Schicksals, dass doch noch nicht alles Schöne untergegangen war. Also weiterleben! Oder, wie Dathe es beschrieb: »Von Stund an zog ich wieder die Latschen an!«

Er nahm seine Beobachtungen wieder auf, und für die Kameraden, die geistig genauso ausgehungert waren wie er, hielt er Vorträge: launige Geschichten aus seiner Zeit im Leipziger Zoo. Er konnte gar nicht fassen, wie begierig die Männer auf immer neue Tiergeschichten waren. Und natürlich erteilte er vogelkundliche Unterweisungen.

Die englische Lagerkommandantur unterstützte diese Veranstaltungen, weil sie dachte, dass es der Disziplin im Lager guttun würde. Am Ende kamen bis zu 2 000 Zuhörer, und Dathe erhielt für seine Vorträge sogar Sonderrationen an Lebensmitteln.

Schließlich nahm der Lagerkommandant persönlich an den vogelkundlichen Veranstaltungen teil. Als Engländer (die Insel gilt als Heimat der vogelverrücktesten Menschen der Welt) hatte auch er einen ausgewachsenen Vogelspleen und diesen nicht minder verrückten Deutschen ins Herz geschlossen. Er genehmigte dann sogar wöchentliche Ausfahrten ins Umland, so dass Dathe mit 40 Kameraden auf einem LKW regelmäßig in die Campagna fuhr – unbewacht, auf Ehrenwort, dass er mit allen Teilnehmern wieder zurückkommen würde. Er sollte es immer einhalten.

Kriegsgefangene auf Lustpartie in Italien – wenn man bedenkt, welche Hölle sich für die Gefangenen in Russland auftat oder was die Deutschen ihren Gefangenen angetan hatten, eine fast unglaubliche Vorstellung. Und doch ereigneten sich diese Szenen jetzt Woche für Woche. Dathe besuchte mit seinen Männern dabei auch die berüchtigten italienischen Vogelfänger, es gab Einladungen zu Landwein und frischem Käse. Bald war die Versorgungslage so gut, dass die Gefangenen sogar Pakete mit Lebensmitteln nach Deutschland schicken konnten. Auch das ist fast unglaublich und in der Kriegsgeschichte wohl noch nie dagewesen: Gefangene im Ausland versorgen die Heimat.

Aber damit nicht genug. Dathe wurde schließlich auf Vortragsreisen kreuz und quer durch die Gefangenenlager in Italien geschickt. Unterwegs machte er Bekanntschaften mit Zoodirektoren und Vogelforschern, seine Vorträge wurden auf Plakaten angekündigt, Artikel in Lagerzeitungen veröffentlicht, er erhielt schließlich dauerhaften Ausgang, konnte sich jederzeit außerhalb des Lagers bewegen. Fast so frei wie ein Vogel. Dathe konnte sogar Pompeji (das beeindruckte ihn kaum, weil er aus dem Krieg schlimmere Verwüstungen kannte) und den Vesuv, Rom und Neapel besuchen; er badete in der Adria, schlenderte durch Venedig (das ihm sehr baufällig erschien), Mailand und Udine. Obwohl er Gefangener war, lernte er Italien besser kennen als viele Italiener.

In den italienischen Lagern war er eine echte Institution, er wurde herumgereicht und hofiert, um dann, nach seiner Entlassung in die Heimat, einen echten Absturz zu erleben. Alle hochfliegenden Pläne für die so sehr herbeigesehnte Rückkehr zerschellten in den Trümmern des vom Krieg so grausam getroffenen Leipzig.

Im Oktober 1947 erfolgte seine Entlassung. Auf dem Heimweg, für Dathe natürlich wieder ein Zeichen der Hoffnung und des Aufbruchs, kreuzten Wildgänse seinen Weg. Sie hatten ein Ziel, sie wussten wohin, ihre lange, gefährliche Reise hatte einen Sinn.

Dathe allerdings landete in einer Stadt, die überhaupt nichts mit ihm anfangen konnte. Hier ging es ums Aufräumen – nicht nur die Kriegstrümmer mussten weggeräumt, auch die politische Ordnung musste neu gestaltet werden.

Danach kam lange nichts, und ein heimkehrender Zoologe war dabei ungefähr so gefragt wie ein Kuckucksei im Amselnest.

Dathe konnte von Glück reden, dass ein alter Akademikerfreund ihn mit Verlagsaufträgen halbwegs über Wasser hielt, dazu kamen Gelegenheitsjobs. Auch hier halfen ihm seine geliebten Vögel weiter: Für den Rundfunk konnte er sich gelegentlich als Vogelstimmenimitator verdingen. »Sind Sie nicht der Eichelhäher?«, wurde er einmal auf dem Flur angesprochen, das konnte er nur bejahen. Eichelhäher, Amsel, Buchfink und noch viel mehr war er; hier zahlte es sich aus, dass er die Tiere so lange und ausdauernd belauscht und mit ihren eigenen Rufen oft herbeigelockt hatte.

Dathe schlug sich also durch – wie Millionen andere mehr schlecht als recht. Um ihn herum überschlugen sich die Ereignisse, Banken wurden enteignet, die Währungsreformen in West und Ost wirbelten das Leben und letzte Ersparnisse durcheinander, die Berlin-Blockade kam, zwei neue deutsche Staaten entstanden, aber bei ihm herrschte immer noch Stagnation, ein geistiger Winterschlaf, unterbrochen nur von Hunger und Sorge um die Familie. Es war zum Verzweifeln, aber das erlaubte er sich nicht. Außerdem kehrten immer mehr Männer, die seine Qualitäten kannten, nach Leipzig zurück.

So begann er auch wieder mit vogelkundlichen Exkursionen. Im Hintergrund wirkten Kräfte, denen klar war, dass das junge Land mehr brauchte als Zweijahrespläne, Enteignungen und Lobpreisungen der Sowjetunion. Wenn die DDR nicht nur ein Konstrukt der Politik, sondern eine Heimat für die Menschen werden sollte, musste der Aufbau auf allen Ebenen einsetzen. Dazu gehörten auch die Zoos, zumal ein so traditionsreicher wie der in Leipzig. Dessen Leiter, Professor Schneider, hatte Dathe ja noch aus seiner Assistenzzeit nach dem Studium in allerbester Erinnerung, und auch während des Krieges hatte Dathe in seiner Leipziger Zeit dem Zoo wertvolle Dienste geleistet. So einen brauchte man, wenn es wieder vorwärtsgehen sollte. Am 1. Juli 1950 trat Dathe endlich seinen Dienst an – als Direktoralassistent mit auskömmlichem Gehalt, einer schönen Wohnung und einer Aufgabe, die ihn voll ausfüllte. Na ja, nicht ganz. Natürlich ging es auch jetzt noch oft auf Vogel-Expeditionen. Aber eines war klar: Dathe hatte sein Nest gefunden. Mit 40 Jahren wusste er jetzt, wo sein Platz im Leben war. Hier war sein Revier, und nichts und niemand würde ihn da wieder herausbekommen. So dachte und hoffte er.

Es waren dann auch wunderbare Jahre, Dathe legte etliche Kilo zu und verlor dafür einige Haare; er genoss die Sicherheit seines Jobs genauso sehr wie die vielfältigen Aufgaben, die dieser mit sich brachte, und die Lehraufträge an der Uni Leipzig erledigte er mit links. Man kann sich keinen zufriedeneren Menschen denken als den Dathe jener Jahre. Als Student hatte ihm die Wirtschaftskrise scheinbar jede Zukunft verbaut, dann kamen der Krieg, die Gefangenschaft und die Rückkehr in ein zertrümmertes Land, das zudem noch im großen Ost-West-Ringen zerrissen wurde: Wie hätte ein Mensch, der sein Leben den Tieren widmen wollte, da jemals Hoffnung haben sollen, mit dieser brotlosen Kunst eine Existenz zu begründen. Und doch hatte er es geschafft; mit seiner Karriere ging es bergauf. Jedem war klar, dass er einmal die Direktorenstelle am Leipziger Zoo erben würde, auch Dathe machte aus seinen Ambitionen keinen Hehl. Für seinen Chef war er inzwischen der offizielle Stellvertreter geworden, die allererste Wahl als Nachfolger.

Doch dann fegte ein neuer Sturm durch sein Leben. Zunächst ging er in Deckung, machte sich ganz klein.

Aber was sich da in Berlin zusammenbraute, wirbelte ihn schließlich doch aus seiner Existenz heraus.

1954 erklärte die DDR ihre Souveränität, in der Bundesrepublik reagierte man wütend und proklamierte ihren Alleinvertretungsanspruch für alle Deutschen, das Internationale Olympische Komitee ließ die DDR ebenfalls abblitzen. Der Schock des Volksaufstands vom 17. Juni 1953 war noch nicht verdaut, das junge Land brauchte dringend ein paar vorzeigbare Erfolgserlebnisse.

Aktionismus lag in der Luft, niemand wusste, was die Mächtigen in dieser höchst angespannten Lage als Nächstes vorhatten.

Aber die Hauptstadt war zum Glück weit weg, und wer konnte, machte sich unsichtbar. Wie zum Beispiel Dathe, der diese Zeit für seine erste Auslandsreise nutzte. Dreimal darf man raten, welchen Hintergrund sie hatte: natürlich ein ornithologischer Kongress – die Reise führte nach Basel. Kurz nach Dathes Rückkehr reiste sein Chef nach Kopenhagen ab, um am Internationalen Kongress der Zoodirektoren teilzunehmen und danach skandinavische Tiergärten zu besichtigen.

Alles war besser, als sich um diesen merkwürdigen Brief aus Berlin zu kümmern, der nur Ärger bringen konnte: Es ging darin um eine Besprechung für die Neugründung eines Zoos in der Hauptstadt. Fachmännischen Rat wollten sie haben. Ha! Bestimmt nur so ein Prestige-Projekt, das zu Lasten aller anderen Einrichtungen gehen würde. Großartige Ankündigungen aus Berlin hatte es ja schon viele gegeben. Das konnte nur Ärger bedeuten. Am besten, man steckte den Kopf in den Sand und wartete, bis die Herrschaften von selbst zur Vernunft kommen würden.

So dachte sich Dathe das, aber diesmal half ihm seine Vogelkunde nichts. Er wurde dringlich und hochoffiziell nach Berlin beordert, ohne viel Federlesen.

Auch bei der Neugründung des Tierparks Berlin spielten die gefiederten Freunde Dathes eine entscheidende Rolle. Bei der Besichtigung möglicher Standorte für einen Berliner Tierpark fand sich der angereiste Sachse nämlich urplötzlich in einem wahren Vogelparadies wieder, dem alten Schlosspark Friedrichsfelde.

Mittelspechte und Grünspechte waren da zu hören, Buchfinken natürlich, der Waldlaubsänger meldete sich, aus dem Gebüsch flöteten Nachtigallen. Es wurde still in der Besichtigungsgruppe, nur noch die Vögel waren zu hören.

Wo zuvor so energisch diskutiert worden war, über Geld und Machbarkeiten, über Zuständigkeiten und Unmöglichkeiten, war da auf einmal nur noch der Ruf der Natur. In vielen Klangfarben, in reichen Melodien. Dathe, sein ganzes Leben schon daran gewöhnt, genau hinzuhören, wurde am heftigsten von diesem Moment ergriffen.

Wie immer in schwierigen Lagen weckten diese Laute in ihm einen solchen Optimismus, eine solche Lebens- und Schaffenslust, dass es um seinen Widerstand geschehen war. Hier war ein Aufbruch möglich. Hier konnte man die hochfliegendsten Pläne realisieren. Dathe spürte einen mächtigen Sog und ließ sich davon mitreißen. Auf diesem riesigen Gelände konnte er seiner Fantasie freien Lauf lassen. Die Entscheidung war gefallen, er würde sich mit Haut und Haaren diesem Berliner Projekt verschreiben.

Noch Jahre später, er war längst der international hochgeschätzte Tierparkdirektor, eine Person von gesellschaftlichem Rang und höchstem Ansehen, konnte es geschehen, dass er mitten in einem Rundgang mit wichtigen Gästen oder seiner Führungsmannschaft plötzlich innehielt, den Kopf schief legte und einem Vogel antwortete – ganz egal, ob die Leute um ihn herum das merkwürdig fanden.

Die Vögel hatten ihm so viel Freude geschenkt, ihn immer wieder auf Kurs gebracht, wenn das Leben ihn aus der Bahn werfen wollte. Sie hielten seinen Geist wach und frisch, wenn andere schon lange schlappmachten. Sie lehrten ihn Geduld und den scharfen Blick fürs Detail. Sie sorgten dafür, dass jeder Tag wenn schon nicht eine neue Entdeckung, dann aber doch ein erfüllendes Wiedererkennen bereithielt. Wenn es zwitscherte, lachte sein Herz, wenn es piepte, wurde sein Verstand hellwach. Für Dathe waren die Vögel also ein wunderbares Geschenk, das er nicht nur dankend annahm. Als Tierparkdirektor sollte er seinen Lieblingen später ganz viel zurückgeben. Vögel wurden zu einem besonderen Schwerpunkt in seiner Arbeit.

Gleich zu Beginn legte er Zuchtprogramme für bedrohte Arten auf. Ihm gelangen dabei sensationelle Erfolge, um die er auf der ganzen Welt beneidet wurde. Bei den Pelikanen, die zum Maskottchen der Anlage wurden, feierte der Tierpark sogar Weltpremieren. Es waren für Dathe die schönsten Momente, dabei zu sein, wenn Junge schlüpften. In den Tagen und Wochen zuvor sei er um die Eier so besorgt gewesen, als ob er sie selbst gelegt hätte, witzelten Mitarbeiter. Akribisch überwachte er Temperaturen und Luftfeuchtigkeit, bei Nachlässigkeiten konnte er unter den Angestellten wüten wie ein Habicht im Hühnerstall.

Seine Popularität nutzte er außerdem dazu, eine gigantische Nistkasten-Aktion zu starten, um die heimische Vogelwelt zu unterstützen. Baupläne für diese Nistkästen wurden in die ganze Republik verschickt; in Wohnzimmern und Gartenlauben begann ein großes Sägen und Hämmern, das schon im nächsten Frühjahr dafür sorgte, dass es in den Wäldern wieder lebhafter wurde.

In der Tierparkschule, ebenfalls von Dathe initiiert und 1965 eröffnet, lernten tausende Kinder die Grundzüge des Vogelschutzes kennen. Im selben Jahr wurde eine für damalige Verhältnisse gigantische Freiflugvoliere von 60 Metern Länge, 33 Metern Breite und neun Metern Höhe eröffnet. Ein Jahr zuvor entzückte die Flamingo-Lagune die Besucher und auch den Tierparkdirektor.

Als Herausgeber der wissenschaftlichen Zeitschrift *Beiträge zur Vogelkunde* verblüffte er die Fachwelt mit immer neuen Einblicken in bisher verborgene Lebensbereiche der Vögel und war immer auf dem allerneuesten Stand der Forschung.

Und jeder, der seinen Lieblingen gefährlich wurde, bekam es mit ihm zu tun – sogar die Damenwelt, der er sonst nur äußerst dezent und voller Respekt gegenübertrat. Die närrische Mode, dass Hüte mit den Federn seltener Vögel geschmückt wurden, konnte er nicht durchgehen lassen. In seinen *Erlebnissen mit Zootieren*, die massenhaft Verbreitung fanden, nahm er deshalb die Trägerinnen dieser Hüte aufs Korn und paarte dabei psychologisches Geschick mit einer drastischen Schocktherapie.

Marabufedern, so erklärte er den Damen, seien ja besonders beliebt, so »blütenweiß und daunenweich«. Dann erläuterte er allerdings mit größter anatomischer Exaktheit, an welcher Stelle diese Federn wachsen – nämlich rund um die hintere Körperöffnung. Wollten sich die Damen so etwas wirklich auf den Kopf stecken? Dann schilderte er noch kurz und blutig, wie die Jagd auf Marabus funktioniert: Knochen werden an langen Bindfäden befestigt, der hungrige Vogel verschluckt den Bissen, hängt damit am Faden und wird schließlich erschlagen. Wollten die Damen das wirklich? Dathe erlaubte sich außerdem den Hinweis, dass auch Hühnerfedern sehr schön seien und ohne große Quälerei in Massen verarbeitet werden könnten. Hut ab vor diesem Kräftemessen mit den Mächten der Mode!

Bis heute ist der Tierpark ein Vogelparadies geblieben. Er leistet nicht nur einen entscheidenden Beitrag zum Erhalt seltener Arten, sondern beteiligt sich auch mit Erfolg an zahlreichen Projekten zur Wiederansiedlung bereits ausgerotteter Tiere in freier Wildbahn. Dass der Bartgeier heute in den Alpen wieder seine Kreise zieht, ist auch Dathe zu verdanken.

Dathe gab also viel zurück – und sollte dafür noch einmal etwas bekommen, was er als eines der ganz großen Geschenke seines Lebens empfand. Er sollte im hohen Alter noch einmal die Liebe entdecken. Auch hier stellte die Ornithologie die Weichen.

Dathe war nach dem Tod seiner ersten Ehefrau Elisabeth 1987 nur noch ein Schatten seiner selbst. Antriebslos, mutlos, gepackt von tiefer Trauer. Familie, Freunde und Mitarbeiter waren in ernster Sorge um den Mann, der über so viele Jahre durch seinen Schaffensdrang ein Vorbild für alle war. Jetzt trieb ihn fast nichts mehr aus dem Haus, bis er sich doch wieder einmal zum Besuch eines Treffens von Vogelfreunden im Berliner Umland aufraffte.

Es wurde ein schicksalhafter Ausflug. Als er nach der Veranstaltung noch auf seinen Fahrer wartete, traf Dathe auf eine Gleichgesinnte. Eine Ärztin aus Eberswalde, ebenfalls eine Elisabeth, die wie er seit ihrer Jugend Freude in der Natur fand und ihr Herz vom Flügelschlag der Vögel berühren ließ. Und auch sie war allein. Es begann ein Fachgespräch vor der Tür des Versammlungssaales, sie hatten sich viel zu sagen, und je länger sie sich unterhielten, desto anregender wurde das Gespräch. Erinnerungen an einmalige Momente, die Erwähnung besonderer Orte: Waren Sie auch schon einmal an diesem See? Haben Sie dort auch schon den Drosselrohrsänger angetroffen? Da standen sie nun und ließen ihrerseits den Fahrer warten. Aus dieser Unterhaltung wurde eine Freundschaft, die Zuneigung wuchs, eine besondere Verbindung entstand.

1988, mit 77 Jahren, sollte Dathe dann noch einmal heiraten. Er wusste, dass manche in seiner Umgebung vielleicht auch die Stirn runzeln würden, denn er hatte nicht vergessen, dass er bis dahin selbst der größte Skeptiker gewesen war, was solche Schwärmereien betraf: »Ich habe früher gelächelt, wenn ich von Heiraten im Altenheim hörte. Nun habe ich selbst die Erfahrung gemacht, dass man auch im hohen Alter noch einmal sein Glück finden kann. Gerade, wenn man eine gute Partnerschaft gehabt hat, wünscht man sich so etwas wieder, und es ist ein Segen, einen Menschen zu finden, der zu einem hält.« Wer ihn wirklich mochte, und das waren viele, gönnte es ihm von ganzem Herzen, auch seine Familie nahm an seinem Glück teil.

Das Paar wusste die Zeit, die ihm blieb, zu nutzen: Herrliche Ausflüge ins Berliner Umland wurden unternommen, gemeinsame Expeditionen in Vogelparadiese, die am Abend in häuslicher Eintracht ausgewertet wurden. Dathe überraschte seine jüngere Frau dabei immer wieder durch sein unglaubliches Gedächtnis. Er machte sich auf seinen Beobachtungsgängen nämlich schon lange keine Notizen mehr, sondern merkte sich alles und schrieb es erst abends in seine Beobachtungshandbücher. Interessierte können sie und seinen gesamten schriftlichen Nachlass in der Deutschen Nationalbibliothek einsehen.

Dann wurde sein Leben noch ein letztes Mal durcheinandergewirbelt. Es kam die Wende, die Einheit, und Dathe duckte sich nicht, sondern wollte den Sturm der Veränderung nutzen und dafür sorgen, dass der Tierpark sich zu ganz neuen Höhen aufschwingen konnte. Man hat versucht, ihn zurechtzustutzen. Aber da fuhr er mit seinen achtzig Jahren noch einmal die Krallen aus. Ein alter Adler, auf den die Krähen sich aus ihren Bürokratenhorsten stürzen sollten. Dass Dathe diesen Kampf am Ende gewonnen hat, auch wenn es zunächst nicht so aussah, kann heute jeder sehen, der den Tierpark besucht.

Kapitel 3:

Der Aufbau des Tierparks

Die junge Reporterin stand auf dem bröckelnden Balkon des baufälligen Schlosses und fragte sich, wie sie das später ihren Hörern erklären sollte. Das passte doch gar nicht zusammen! Das würde doch so keiner glauben. Denn was sie sah, hatte wirklich nicht das Geringste mit dem zu tun, was ihr dieser seltsame Sachse da unablässig in den schillerndsten Farben ausmalte. Sie blickte auf kahle Bäume, ein Schlammloch, matschige Wiesen und eine gewaltige Brache: der Schlosspark Friedrichsfelde – oder besser das, was der Krieg von ihm übriggelassen hatte. Überall lagen noch Trümmer und Unrat, es war ein diesig-grauer Tag im späten Jahr 1954, und es sah ungefähr so trist und langweilig aus wie das Ergebnis der Volkskammerwahl wenige Wochen zuvor, als die Einheitsliste mit über 99 Prozent der Stimmen bestätigt worden war.

Große Worte waren gerade in Mode, allenthalben wurde vom Aufbau geredet, aber dieser Mann versprach nicht mehr und nicht weniger als ein Paradies!

»Seien Sie ehrlich, Sie hielten mich damals für einen Fantasten«, sagte Dathe viel später der Journalistin Karin Rohn, die Sonntag für Sonntag die Menschen in ihren Bann zog und mit der er noch über eintausend Radiosendungen machen sollte. »Im Tierpark belauscht« hieß die Reihe, jetzt aber lauschte erst einmal nur Karin Rohn, und so recht glauben konnte sie das alles noch nicht.

Wie ein General stand Dathe da auf dem Balkon, teilte

das Gelände mit weit umfassenden Gesten auf und entwarf prachtvolle Szenarien. Mit ganzen Herden von Wild bevölkerte er die Brachen, die sich in seinen Worten in saftige Wiesen verwandelten, eingefasst von Wasserläufen. Unterschiedliche Tiere aus verschiedenen Regionen der Erde würden da zusammenleben, ein Bild wie aus der Wildnis, ein Landschaftszoo, wie es ihn so auf der Welt noch nicht gab. Störende Zäune wären so gut wie nirgendwo zu sehen, die Tiere würden fast wie in Freiheit leben. Wie auf großen natürlichen Bühnen würden sich die Bewohner des Parks den Besuchern präsentieren, herrliche Sichtachsen immer neue überraschende Einblicke gewähren.

Kaum ein Wort darüber, wer das alles bewerkstelligen sollte, wo die Mittel herkämen. Denn die DDR hatte eigentlich schon genug Sorgen damit, den Alltag der Menschen halbwegs zu organisieren. Während im Westen der Marshallplan griff und das Wirtschaftswunder blühte, herrschte im Osten noch allerorten Mangel – auch an Arbeitskräften, die in der Industrieproduktion, auf dem Bau und in der Landwirtschaft dringend gebraucht wurden.

Aber der Aufbau des Tierparks war nun einmal beschlossen worden, und der Mann mit seinem sächselnden Singsang war es, der ihn leiten sollte. Ob einer, der seine Doktorarbeit »über den Bau des Fortpflanzungsorgans beim Meerschweinchen« geschrieben hatte, wirklich jemand war, der ein scheinbar unmögliches Projekt wie dieses verwirklichen konnte?

Die Grundsteinlegung wenige Tage zuvor war jedenfalls schon eine ganz schöne Pleite gewesen. Geduckte Gestalten im strömenden Regen. Gekommen war nur, wer unbedingt musste oder keine gute Ausrede hatte. Von einer begeisterten Bevölkerung weit und breit nichts zu sehen, das Musikkorps der Volkspolizei spielte tapfer, aber ohne Erfolg gegen die Kälte an, der saure Sekt jagte einem zusätzliche Kälteschauer über den Rücken. Feierliche Stimmung wollte nicht so recht aufkommen. Kurz darauf musste der Grundstein dann auch noch bei Nacht und Nebel ausgegraben werden, weil er späteren Arbeiten im Weg war. Wenn man als Journalistin schon von Berufs wegen skeptisch sein sollte, musste man hier nicht einmal diese professionellen Grundsätze bemühen, da stellten sich die Zweifel von ganz alleine ein.

Was Dathe der Reporterin verschwieg, war der nicht ganz unwesentliche Punkt, dass er selbst ursprünglich der allergrößte Skeptiker gewesen war. Wozu einen neuen Tierpark bauen, wenn schon die bestehenden Anlagen kaum zu halten waren? Und das auch noch in Berlin, wo es mit dem traditionsreichen Zoo im Westteil der Stadt ja schon eine angesehene Anlage gab? Aber abgesehen von diesen grundsätzlichen Zweifeln liebte er Leipzig und den Leipziger Zoo über alles und wollte seine sichere Stellung dort um keinen Preis gegen dieses riskante Berliner Abenteuer eintauschen.

Andererseits war die Chance, die das Berliner Projekt bot, natürlich gewaltig. 160 Hektar wollte der Magistrat der Stadt für den Tierpark freiräumen. Das wäre die größte derartige Anlage auf der Welt. Hier konnte man den Zoo der Zukunft bauen. Eine echte Heimat für Tiere, kein Gefängnis, ein exzellenter Studienort für Wissenschaftler, die hier wie nirgendwo sonst das Verhalten der Tiere beobachten könnten. Wenn man ihn richtig konzipierte, könnte dieser Tierpark außerdem in der Bevölkerung eine so tiefe Liebe zur Natur wecken, dass viele vielleicht sogar ihr Alltagsverhalten ändern würden, um bedrohte Tierarten nicht weiter zu gefährden.

Ein Ort also zum Lernen und Staunen, ein riesiges Lebenslabor, das außerdem noch genügend Platz für die Erholung bieten würde. Diese Chance gab es nur einmal im

Leben. Und bei der Besichtigung der Standorte zerstreute im Schlosspark Friedrichsfelde dann ein gewaltiges Vogelkonzert die letzten Zweifel des zaudernden Dathe.

Außerdem gab es in einigen anderen Großstädten auch mehr als einen Zoo. Nach Kriegsende strömten die Menschen dorthin wie nie zuvor. Das massenhafte Grauen schien überall eine tiefe Sehnsucht nach Ursprünglichkeit geweckt zu haben.

Wenn es nur irgendwie ginge, würde er den Traum des Zwölfjährigen von einem wunderbaren Tierparadies verwirklichen.

Und als er sich einmal entschieden hatte, konnte ihn nichts mehr aufhalten. Er überwand sogar seine Angst vor den Berlinern, die ihn als Sachsen womöglich nicht ernst nehmen würden. Mochten sie ruhig über seine Worte lachen, sobald sie sahen, wie das Projekt Gestalt annahm, würden sie ihn schon richtig verstehen.

Er sagte zu.

Was den Berliner Magistrat übrigens überhaupt dazu bewogen hatte, so eine Anstrengung wie den Tierparkbau zu unternehmen, ist bis heute noch nicht genau geklärt.

Sollte es wirklich nur ein reines Prestigeobjekt werden, wie im Westen sofort geargwöhnt wurde? Allein die schiere Größe der geplanten Anlage legte die Vermutung nahe, dass es in erster Linie darum gehen könnte, aufzutrumpfen und Überlegenheit zu demonstrieren. Andererseits war die Idee für einen großen »Volkstierpark« nun auch wieder nicht so neu. Schon in den 20er Jahren hatte sich dafür eine Initiative gegründet, die so namhafte Mitglieder wie Käthe Kollwitz und Alfred Döblin in ihren Reihen hatte. Die Berliner hatten mit dem Zoo, der eine Aktiengesellschaft war, und einer Preispolitik, die sie für reine Willkür hielten, schlechte Erfahrungen gemacht und wollten einen für alle erschwinglichen Erholungsort schaffen. Besonders die Bewohner der Arbeiterquartiere im Ostteil der Stadt sollten davon profitieren. Das klang schon damals gut.

Letztlich scheiterte diese Initiative am Widerstand des Magistrats, der dafür keinerlei finanziellen Spielraum sah. Das folgende Wüten der Nazis und der Krieg ließen die Pläne dann in Vergessenheit geraten. Aber einige alte Berliner erinnerten sich sehr wohl noch daran. Warum jetzt beim Neuaufbau der Stadt nicht die Chance nutzen, etwas zu schaffen, an dem die Menschen Freude hätten?

Auch Staatspräsident Wilhelm Pieck wird nachgesagt, dass ihn solche Motive leiteten. Zwar gab es immer noch den Zoo, und an die Mauer war noch nicht zu denken, aber durch die Währungsreform und den horrenden Umtauschkurs der DDR-Mark in Westmark war ein Zoobesuch für die Familien aus dem Ostteil unerschwinglich geworden. Zeitzeugen berichten, dass Pieck der Gedanke unerträglich war, dass die Kinder im Osten nie einen Elefanten oder Löwen zu sehen bekämen und nicht über die Späße der Affen lachen könnten.

Es ging also nicht nur darum, eine Prestigefassade vom Werktätigen-Paradies zu bauen, sondern es gab eine ganze Reihe von Gründen, die für das Projekt sprachen. So schrieb der damalige Oberbürgermeister Friedrich Ebert in einem Brief an die *Berliner Zeitung*: »Bisher gab es aber immer so viele andere dringendere Aufgaben, dass wir uns nicht sehr ernsthaft dieser besonders auch für unsere Kinder so wichtigen Frage widmen konnten. In unserem Programm ›Unser Berlin noch schneller voran im neuen Kurs‹ haben wir aber versprochen, jetzt diese Sache fest anzupacken und nicht wieder loszulassen.«

Am 27. August 1954 erfolgte dann der offizielle Magistratsbeschluss zur Tierparkgründung und die öffentliche Ernennung Dathes zu seinem Direktor.

Da saß er jetzt also. Außer einer Fülle von Versprechungen, dass die Verwaltung ihn in allen Belangen unterstützen würde, gab es da nur eine riesige Brache und einen großen Traum. Wo anfangen?

Eines war klar: Er würde keine großen Baubrigaden befehligen können, die wurden anderswo gebraucht, und Geld für den Einkauf von Tieren würde ebenfalls knapp sein. Von fachkundigem Personal ganz zu schweigen. Noch nicht einmal eine Wohnung gab es für Dathe, er verbrachte seine Nächte als möblierter Herr in wechselnden Quartieren.

Ein Berg von Schwierigkeiten also, und Dathe sah sofort, dass es nicht alleine gehen würde. Ohne die Unterstützung der Berliner wäre sein Projekt von vornherein zum Scheitern verurteilt. Er ging also zu Bürgerversammlungen, schrieb Zeitungsartikel, hielt unendliche Besprechungen mit der Verwaltung ab, erklärte hier, forderte dort. Und immer wieder erzählte er mit leuchtenden Augen von den Tieren: so packend, so mitreißend, dass aus Widerstand Zustimmung wurde, aus Zögern Begeisterung.

Sogar die Kleingärtner, die einige Parzellen für den Tierpark hergeben sollten, ließen sich am Ende von der Idee anstecken, und wer weiß, wie verbissen die sonst jeden Quadratmeter ihrer Scholle verteidigen, der mag erahnen, was Dathe da vollbracht hatte. Wenn sogar die Schrebergärtner mit von der Partie waren, war alles möglich.

Aber würde die Begeisterung auch vorhalten, wenn man sich die Hände schmutzig machen sollte? Wenn wieder einmal einer dieser Aufrufe zum Mitmachen, zum freiwilligen Anpacken, zum »Bau auf, bau auf« erfolgen würde?

Eigentlich waren die Berliner des Anpackens und Aufbauens längst überdrüssig. Erst die Kriegstrümmer, dann die Demontagen ganzer Fabriken als Reparationen für die Sowjetunion, dann wieder der mühsame Aufbau. Geklopft, gehämmert, geschleppt hatten sie weiß Gott genug. Und jetzt sollte wieder so ein gigantischer freiwilliger Einsatz des Nationalen Aufbauwerks erfolgen. Wieder Schwitzen am freien Sonntag, Extra-Schichten für den »neuen Kurs« der Führung. Jetzt würde sich zeigen, ob die Berliner wirklich mitmachen würden, ob das Projekt ein volkseigenes Paradies oder eine peinliche Pleite werden würde.

Dathe quartierte inzwischen mit seinem Stab in dem heruntergekommenen Schloss, zwischen undichten Fenstern und rauchigen Öfen, bröckelndem Putz, wackliger Stromversorgung und einem Telefon, das auch als Zufallsgenerator hätte durchgehen können. Er wusste, dass sich in diesem letzten Quartal des Jahres 1954 alles entscheiden würde.

Die Pläne waren schon so weit fertig, wissenschaftliche Beiräte gegründet – das Luftschloss schwebte, am Boden aber würde sich entscheiden, ob aus ihm Wirklichkeit werden sollte.

Und dann kamen sie und strömten heran: freiwillige Helfer voller Tatendrang. Das Tierparkfieber, wie Dathe diagnostizierte, griff um sich. Er hatte sie angesteckt, infiziert mit einer Idee, die größer war als die natürliche Bequemlichkeit.

Mit jedem Baum, der gerodet worden war, mit jedem ausgehobenen Graben wuchs die Begeisterung der freiwilligen Helfer. Denn hier konnten sie erleben, dass sie wirklich etwas für sich selbst aufbauten, dass da etwas Gestalt annahm, von dem sie selbst und später ihre Kinder noch oft würden profitieren können. Nicht für den Staat und nicht für eine Ideologie schufteten sie hier, sondern für eine Arche Noah mitten in Berlin, die allen offen stehen sollte.

Besonders tapfer schlugen sich dabei die Studenten der Hochschule für Planungsökonomie, ausgerechnet die, denen nachgesagt wurde, dass sie eigentlich immer nur die anderen die Arbeit machen lassen würden.

Dathe jubilierte. Genau das hatte er gewollt: dass die Berliner sich hier ihren Park selbst aufbauen würden. Denn jeder, der einmal eine Schaufel in die Hand genommen hatte, würde doch später als Besucher wieder kommen – voller Neugierde auf das, was geschaffen worden war. Und so würde der Tierpark sein Wissen viel intensiver vermitteln können als eine Einrichtung, die einfach per Verwaltungsbeschluss vom Himmel gefallen war. Die Aufbauhelfer würden ihre Freunde mitbringen, die Nachbarn und Kinder, der Tierpark würde kein Fremdkörper in der Stadt sein, sondern verankert im Leben der Menschen, immer ein Stück Erinnerung, immer aber auch ein neues Abenteuer, an dem man selbst mitgewirkt hatte. Dathe war in diesem Punkt ein Meister-Psychologe, der erstaunlich treffsicher eine Entwicklung vorhersah, die dann sogar noch seine kühnsten Erwartungen übertraf. Bis heute trifft man im Tierpark noch auf diese Aufbauhelfer mit ihren Jahreskarten, die sie sich auch von einer womöglich schmalen Rente noch irgendwie leisten, die dann aber bei jedem Spaziergang belohnt werden für ihren damaligen Einsatz – mit wunderschönen Erinnerungen, mit immer neuen Erlebnissen in einer Lebenswelt, die sie selbst geformt haben.

Aber bis dahin war es noch ein weiter Weg.

Jetzt, auf diesem morschen Balkon mit der jungen Reporterin, konnte nur Dathe schon sehen, was da entstand. Der Winter hatte die Arbeiten eingefroren, es war immer noch alles wüst und leer, nur ein einsamer Schäferhund bewachte das Gelände. Im Schloss gab es dann noch ein Meerschweinchen, aber viel mehr Leben war im Tierpark nicht. Im Leipziger Zoo allerdings warteten ein Kamel und ein Schwarzstorch darauf, in Berlin dereinst eine neue Heimat zu finden. Dathe hatte die Tiere als Schnäppchen von einem Tiertransport aus Moskau abzwacken können.

Überhaupt hing vieles am Geld. Fleiß und Helfer gab es im Überfluss, aber Flüssiges war ständig Mangelware. Nachschub kam hauptsächlich von der Tierpark-Lotterie, die für den Aufbau ins Leben gerufen worden war. Immerhin: Wer nicht mitarbeiten konnte, kaufte wenigstens ein Los.

Ein hartes Los hatten Dathe und sein Stab im folgenden endlosen Winter in ihrem morschen Schloss. Die Arbeiten im Park ruhten viel länger als geplant, im Schloss war es bitterkalt oder bullenwarm, dann aber völlig verrußt, wer sich zu schwungvoll auf einen der alten Stühle setzte, landete auf dem Hintern, weil die Holzwürmer hier schon ihr Paradies gefunden hatten.

Erst am 8. April 1955 konnten die Tiefbauarbeiten beginnen, der ursprünglich für den 1. Mai geplante Eröffnungstermin war unmöglich zu halten.

Dathe war das egal. Die Natur hielt sich eben nicht an Termine, und auch der Tierpark musste erst wachsen. Dathe zögerte zwar nie, wenn es galt, eine Gelegenheit zu ergreifen, aber er konnte sich auch unendlich viel Zeit lassen, wenn die Umstände es erforderten. Mit falscher Hast, das predigte er immer wieder, könne man mehr zerstören als gewinnen – nur ein scheinbarer Widerspruch zu seiner zweiten Maxime: »Ich will nicht wissen, warum etwas nicht klappt, sondern ab wann es klappt.«

Ab dem 8. April also wurde gebuddelt und gebaut, dass es nur so seine Art hatte; das Nationale Aufbauwerk unternahm noch einmal größte Anstrengungen, und immer dazwischen ein Dathe, der aufmunterte, antrieb, die Kapelle zu schwungvolleren Weisen animierte, damit die Schippen schneller flogen. Endlich Frühling, endlich Aufbruch, und überall in seinem Park zwitscherte es auch wieder.

Langsam konnte man sehen, was bislang nur Dathe in seinem geistigen Auge gesehen hatte: Anlagen so weitläufig wie die Savanne. Gehege wie gewaltige Naturbühnen. Jetzt zeigte sich, warum Dathe so sehr auf Natursteinen beharrt und Beton so weit wie möglich aus dem Park verbannt hatte, warum er so lange mit verschiedenen Grüntönen für die wenigen unabdingbaren Zäune experimentiert hatte, bis diese völlig mit den dahinter liegenden Bäumen verschmolzen. »Dathegrün« nannten sie den speziellen Farbton, der die Gitter nahezu unsichtbar machte. Höchste Zeit, dass die ersten Tiere endlich einzogen, denn bei der Eröffnung, die jetzt für den 2. Juli angesetzt worden war, wollte man ja keine leeren Gehege präsentieren, und die Bewohner mussten sich auch erst noch eingewöhnen.

Auch hier waren Bevölkerung und Betriebe wieder gefragt, Tierspenden waren hochwillkommen.

Es musste ja nicht nur wie im Vorjahr ein Meerschweinchen sein, das der stellvertretende Bürgermeister mitgebracht hatte. Obwohl das ein verheißungsvoller Auftakt war, denn bald war der Meerschweinbock nicht mehr allein, sondern durch ein ebenfalls gespendetes weibliches Tier vor die Aufgabe gestellt, sein von Dathe in dessen Doktorarbeit so hingebungsvoll beschriebenes Fortpflanzungsorgan einzusetzen. Was er dann auch mit quiekendem Erfolg tat.

Die erste gelungene Zucht im Tierpark – und das noch vor der Eröffnung. So konnte es weitergehen. Dathe, immer darauf bedacht, die Berliner am Leben des Tierparks teilhaben zu lassen, verfasste daraus sofort eine witzige Glosse und verband diese mit einem Aufruf zu weiteren Spenden.

Leider wanderte sein Beitrag vor dem Druck durch die Hände der Rathausbürokraten, die jede witzige Formulierung strichen und aus der Meerschweinchengeburt eine echte Erfolgsmeldung machten, die im Ostteil der Stadt auch getreulich gedruckt wurde.

Im Westen war der Spott dann natürlich groß. Nein, so konnte das nichts werden. Dathe bestand darauf, dass diese unfähigen Zensoren seine Meldungen nicht mehr in die Hände bekamen. Zum Glück für den Tierpark setzte er sich durch.

Weil es noch keine beheizten Tierhäuser gab, kamen für die Gründungsphase nur Tiere in Frage, die nicht zu empfindlich auf Kälte reagieren. Praktischerweise sind das meistens solche, die nicht allzu exotisch und damit auch nicht so teuer sind. Wer heute die rund 8 000 Tiere in bald 900 Arten im Tierpark sieht, dem mögen die 400 Tiere in 90 Arten, die bis zur Eröffnung zusammenkamen, sehr dürftig vorkommen. Für die damaligen Umstände war das jedoch enorm. Dathe hatte dafür alle seine Kontakte zu befreundeten Zoologen in Ost und West spielen lassen. Alte Studienfreunde bekamen plötzlich dringende Briefe, sozialistische Bruderstaaten wurden ebenso in die Pflicht genommen wie renommierte Einrichtungen im Westen. Manche waren froh, dass sie mit ihrem »überflüssigen« Nachwuchs ihren guten Willen zeigen konnten, andere dagegen legten sich richtig ins Zeug. Besonders bemerkenswert ist das Engagement, das ostdeutsche Betriebe zeigten. Dathe hatte ihnen allerdings auch ein wenig auf die Sprünge geholfen, indem er sie auf die Werbewirksamkeit von witzigen Spenden hinwies. So kamen vom »VEB Kälte« die Mittel für einen stattlichen Eisbären, von der HO Fischwaren die ersten zwei Pelikane, die Stadt Strausberg spendete für Strauße, eine Fabrik für Schlafzimmermöbel sorgte für Störche. Aus Moskau kamen Tiger, aus Leningrad Maralhirsche, aus München Wisente.

Viele Tiere mussten noch in Provisorien untergebracht werden, später sollten im Schloss sogar Schimpansen hausen, bis ihre Anlage fertig war. Aber das Leben in einer zoologischen Einrichtung ist sowieso ein einziges Provisorium. Ständig muss etwas umgebaut oder erweitert werden, weil es überraschenden Nachwuchs gibt, weil man mehr über die optimalen Haltungsbedingungen gelernt hat, weil man überraschend eine besonders seltene Spezies ergattert hat.

Dann beginnt ein großes »Bäumchen, wechsle dich«, eine tierische Karawane setzt sich in Bewegung, und es herrscht riesige Aufregung, bis alle wieder an ihrem Platz sind. In den Wochen vor der Eröffnung herrschte im Tierpark also Chaos pur, obwohl alles so schön geplant war. Es gab einfach zu viele Unwägbarkeiten: Transporte kamen zu früh, zu spät oder gar nicht, die Handwerker waren noch schlimmer, und dann brachen auch noch die Affen aus. Alles nacheinander oder auf einmal – für Dathe, der so sehr auf Planbarkeit und Ordnung setzte, war das eine Katastrophe.

Später sollte er es als eine der wichtigsten Tugenden eines Tiergärtners bezeichnen, dass er ständig mit dem Unvorhergesehenen rechnet, und das sollte ihn ja auch sein ganzes Leben begleiten. In dieser frühen Phase aber lagen seine Nerven blank, denn er wusste, dass jeder Schritt aufmerksam beobachtet wurde und Misserfolge den Tierpark in dieser schwierigen Periode weit nach hinten werfen konnten. Er war ein schwieriger Chef in dieser Zeit, musste es aber auch sein. Er kontrollierte alles, am liebsten zweimal und schickte dann noch einmal jemanden zur Nachkontrolle. Nicht aus Schikane, sondern weil jede Nachlässigkeit tödlich sein konnte – für Mitarbeiter oder die ihm anvertrauten Tiere. Wie aus Schlamperei ein Mensch sterben musste, hatte er als Student bei einem Chemie-Experiment aus nächster Nähe erleben müssen. Die Reagenzien waren falsch bemessen, es gab eine Stichflamme und eine schreiende Kommilitonin erlitt schwerste Verbrennungen, die sie nicht überlebte. Die Erinnerung an dieses Unglück hatte sich ihm eingebrannt, und er hatte sich geschworen, dass es unter seiner Verantwortung solche tödlichen Nachlässigkeiten nicht geben würde.

So konnte es zu jeder Sekunde passieren, dass ein höchst ungemütlicher Dathe im Raum stand, bohrende Fragen stellte und nicht mit harter Kritik sparte. Dieses plötzliche Auftauchen hatte er ebenfalls an der Uni gelernt, bei seinem Ordinarius für Zoologie. Der klopfte auch an keine Tür, es war ja schließlich sein Fachbereich, und in einer öffentlichen Einrichtung hatte es keine Geheimnisse zu geben, zumindest nicht vorm Chef. Dathe gab es selber zu: Das sei »ein wenig unhöflich vielleicht«, aber dennoch richtig und, wie er oft genug feststellen musste, leider nur zu nötig. Alles war ja noch völlig neu, viele Mitarbeiter hatten keinerlei Erfahrung mit der Zooarbeit und, auch das muss man sagen, einige waren nur im Tierpark gelandet, weil man sie woanders nicht brauchen konnte.

Den Ausbildungsberuf des Tierpflegers gab es noch nicht, Dathe sollte ihn erst noch erfinden, als er feststellte, wie sehr es an allen Ecken und Enden fehlte. So schlug er sich also auch mit ausgemusterten Zirkushelfern und gescheiterten Hilfsarbeitern herum. Oft genug musste er Leute rauswerfen, weil er Angst um seine Tiere haben musste, und der Ersatz war nicht viel besser. Sein wichtigstes Ziel erreichte er dennoch: Es gab keine schweren Unfälle, weder am Anfang noch in all den Jahren, die folgen sollten. Der Tierpark blieb von tödlichen Unglücken, wie sie in ähnlichen Einrichtungen immer wieder vorkommen, verschont. Manchmal war auch Glück dabei, viel ist aber der manchmal wutschnaubenden Umsicht des Chefs zu verdanken.

So war am 2. Juli 1955 alles an Ort und Stelle; auf der Arche Noah zwar noch Platz, aber die Sonnendecks bereits bezogen. Der Tag der Eröffnung konnte kommen.

Die Reporterin Karin Rohn und 30000 andere Berliner betraten staunend eine Wunderwelt. Jetzt waren sie wirklich da, die Stelzvogelwiesen und Blumenrabatten, die Brücken und Wasserläufe, die Fontänen und Tierherden. Lauschige Winkel wechselten sich ab mit weiten Ebenen, alles genau so, wie Dathe es den Berlinern versprochen hatte.

2500 Tauben stiegen auf, 500 Luftballons sandten Grüße aus dem neuen Paradies in alle Winde, ein bunter Kinderumzug brach auf, Kapellen spielten, große Reden wurden gehalten – und mittendrin ein atemloser Dathe. Die Wisente hätten beinahe das Eröffnungsprogramm zertrampelt.

Im Mittelpunkt der offiziellen Feierlichkeiten stand Staatspräsident Wilhelm Pieck, mit seinen 79 Jahren schon etwas schwach, aber vergnügt wie ein Kind. Unablässig streichelte er ein Löwenbaby, die Fotografen waren entzückt und klickten im Akkord. Der eigentliche Held des Tages aber war Dathe, der ebenso kundig wie humorvoll durch die Anlagen führte.

Er schien jedes Tier zu kennen, was er natürlich auch tat, aber noch mehr als sein neuer Park faszinierte ihn die Begeisterung der Berliner. Er hatte sie tatsächlich mit seiner Leidenschaft angesteckt. Sie würden alle wiederkommen. Sie würden alle fasziniert beobachten, wie der Park weiter wuchs. Sie sollten im Laufe der Zeit alle seine Geheimnisse entdecken und jeder für sich ganz eigene Erlebnisse mit nach Hause nehmen. Ja, auch an diesem Tag sah Dathe schon viel weiter voraus als alle anderen und dachte darüber nach, wie dieses Ziel erreicht werden könnte.

Sein immenses Wissen über Tiere würde dabei nicht ausreichen. Er musste dafür mehr werden als der Heger und Schützer und der Wissenschaftler, der er bereits war.

Kapitel 4

Der Tausendsassa

Pingeliger Bürokrat und ausgelassener Clown, einfühlsamer Diplomat und knallharter Manager, geduldiger Psychologe und mitreißender Animateur, Marathonläufer mit Sprintqualitäten und Star-Regisseur, der auch vor Schnulzen nicht zurückschreckt: Für manche Jobs braucht man Fähigkeiten aus tausend Berufen. Eine Einrichtung wie den Berliner Tierpark zu leiten, heißt ja nicht nur, für seine Tiere da zu sein, sondern auch für fast 500 Mitarbeiter, Millionen Besucher und Fachkollegen aus der ganzen Welt, dabei auch noch sparsam zu wirtschaften, trotzdem immer neue Attraktionen zu schaffen und auch noch in der Wissenschaft zu punkten. All dies in Perfektion kann ein einzelner Mensch nicht leisten, sondern höchstens ein ganzes Gremium ausgewiesener Experten der unterschiedlichsten Fachrichtungen. Doch einer muss am Ende die Verantwortung tragen und die unterschiedlichsten Interessen unter einen Hut bringen. Dass ein Junge aus einer Stadt wie Reichenbach, die es in ihrer Engstirnigkeit sogar fertiggebracht hatte, einen genialen Automobilerfinder wie August Horch zu vergraulen, das tatsächlich so meisterlich geschafft hatte, ist nicht nur der Besonderheit dieses einen Menschen geschuldet, sondern auch dem System, in dem er lebte. Dass die DDR in ihrem sonst schon manischen Kontrollzwang und ihrer Planungswut diesen Sachsen einfach machen ließ, ist erstaunlich. Das konnte aber nur gelingen, weil Dathe seine Popularität schon früh nutzte, um sich jede Einmischung zu verbitten. Mit dem Erfolg wuchsen seine Freiheiten und damit wiederum der Erfolg – wäre es im ganzen Land so gelaufen, hätte die Geschichte auch eine ganz andere Wendung nehmen können.

Dathe verfolgte als Tierparkdirektor vier große Ziele. Erstens sollte seine Einrichtung eine Heimstatt sein für bedrohte Tierarten, deren natürlicher Lebensraum immer weiter verschwand. Zoo oder Aussterben – diese dramatische Formel hielt er Zookritikern entgegen und schilderte den Tierpark als rettende Insel für einmalige Geschöpfe, deren sonst unwiederbringlicher Verlust ein Verbrechen an der Natur sei.

Zweitens müsse eine zoologische Einrichtung ein Ort der Wissenschaft sein. Nur durch die tägliche hautnahe Beobachtung könnte man Kenntnisse gewinnen, die über den reinen Wissensgewinn hinaus auch noch Möglichkeiten offenbarten, die Tiere in Freiheit besser zu schützen. Außerdem glaubte er fest daran, dass der Mensch sich selbst und seinen Platz in der Welt erst durch tiefe Einsichten in das Wesen der Natur erkennen könnte. Nirgendwo sonst lässt sich das Verhalten der Tiere besser studieren, pflegte er zu sagen – zu seiner Zeit hatte er damit auch völlig recht. Miniatur-GPS-Sender gab es nicht, ferngesteuerte Kameras und leistungsstarke Nachsichttechnik, die uns heute so faszinierende Einblicke in das Leben der Wildtiere vermitteln, mussten erst noch erfunden werden. Wer etwas über das Leben von Eisbären in der freien Wildbahn erfahren wollte, riskierte damals noch sein Leben, kein Mensch hatte deshalb jemals ausgiebig die Vorgänge in einer Wurfhöhle dokumentieren können. Im Tierpark ging das alles, und Dathes Staunen und die Ehrfurcht, bei solchen Gelegenheiten aus nächster Nähe dabei sein zu können, war immens.

Drittens musste ein Zoo seiner Meinung nach alles daran setzen, das gewonnene Wissen mit möglichst vielen Menschen zu teilen. Dathe glaubte fest daran, dass jeder von Erlebnissen mit Tieren profitieren, daraus Kraft und innere Zufriedenheit schöpfen könne. Für ihn war das leicht. Dathe genoss ja schon die Lektüre eines Fachartikels wie ein gutes Glas Rotwein, und schon ein Flügelschlag konnte sein Interesse wecken. Dass er seine Besucher, die einen ganz anderen Bildungshintergrund hatten, die oft genug von harter körperlicher Arbeit erschöpft waren, ganz anders anpacken musste als die interessierte Fachwelt, das verstand er mit sicherem Instinkt, und dafür entwickelte er ein Geschick, das fast unglaublich war.

Viertens sollte der Tierpark, denn immerhin zahlte ja die Allgemeinheit dafür, auch noch ein Ort der Erholung für alle Bürger sein, ein Platz zum Feiern und für Begegnungen. Das war vielleicht noch am leichtesten. Trotzdem brachte Dathe auch hier mit Liebe zum Detail die Mitarbeiter zum Staunen. So kümmerte er sich sogar um die Aufstellung der Besucherbänke, er hatte sich darüber erstaunliche Gedanken gemacht. Sie mussten versetzt stehen und nicht, wie sonst üblich, einander gegenüber. Damen im Minirock, so meinte Dathe, würden sich viel wohler fühlen, wenn sie sich unbeschwert setzen könnten, ohne befürchten zu müssen, von ihrem Gegenüber in unziemlicher Weise betrachtet werden zu können. Auch in besonders lauschigen Ecken des Parks ließ er Bänke aufstellen – denn es gab auch noch die Verliebten, die nur Augen für sich und nicht für das tierische Treiben um sie herum hatten. Diese scheuen Menschen-Exemplare aber wollte er zartfühlend vor zu vielen neugierigen Blicken schützen.

Akribisch achtete er darauf, dass man von der Café-Terrasse aus eine hervorragende Aussicht hatte. Wo er besonders große Besucherströme vorausahnte, ließ er breite

Plattformen errichten, für Lustwandler gab es verschlungene Pfade. Dass er schließlich sogar die Farben der Papierkörbe auf die der Laternen und Bänke abstimmen ließ, zeigt auf exemplarische Weise, wie sehr er sich auch für scheinbare Kleinigkeiten interessierte, die das Auge des Erholungssuchenden stören könnten.

Genauso achtete er auch auf das Auftreten seiner Mitarbeiter. Zeit seines Lebens störte er sich an sichtbaren Anzeichen für Nachlässigkeit. Ein fehlender Knopf an der Uniform – Dathe sah es sofort, da konnte man sicher sein, und es blieb nicht bei einem kritischen Blick. Zeit seines Lebens sollte er sich auch über Tierpfleger ärgern, die nicht ordentlich rasiert waren. Dieser Schlendrian, wie er das empfand, würde das Bild des Tierparks negativ beeinflussen. In diesen Dingen kam der preußische Sachse in ihm durch, da konnte er sehr stur sein.

Um den Tierpark schließlich zu einem Genuss für alle Sinne zu machen, legte er auch allergrößten Wert auf seine Ausstattung mit künstlerischen Plastiken und die gärtnerischen Anlagen. Der alte Schlosspark erstrahlte so wieder in historischer Pracht, bald hatte der Tierpark außerdem die größte Orchideenzucht der DDR, um exotische Tiere auch im passenden Ambiente zu zeigen. Woraus sollten denn sonst die Kolibris ihren Nektar saugen? Auch sonst gab es überall Blumen, um die Damen schon gleich am Eingang zu erfreuen.

Jeder Besuch sollte ein Festtag sein, da durfte nichts stören, und deshalb konnte er auch ziemlich ungemütlich werden, wenn da in einer Ecke leere Bierflaschen lagen. Diesen Kampf allerdings konnte er nie ganz gewinnen, so sehr er sich auch bemühte. Hartes Durchgreifen erwies sich als nutzlos.

Eine ganz erstaunliche Leichtigkeit entwickelte Dathe hingegen darin, mit den einfachen Menschen umzugehen, sie mit immer neuen Attraktionen und Aktionen in den Bann des Tierparks zu ziehen. Ständig kam er auf neue Ideen. Dabei ging es Dathe nie darum, den vermeintlichen Massengeschmack zu bedienen, vielmehr wollte er Bildung auf allen Ebenen vermitteln.

Die große Show diente ihm dazu, den Blick später auf die Kleinigkeiten zu lenken, das Einzelschauspiel dazu, leicht verständlich ins große Ganze einzuführen.

Aber nicht nur das: Er hatte einfach auch Freude daran, wenn die Menschen ihren Spaß hatten.

Natürlich musste man einen Elefanten am Bahnhof nicht mit einer gigantischen Gemüsetorte begrüßen. Aber man konnte! Und wenn man den Menschen bei der Gelegenheit das Wesen der Dickhäuter erklären konnte, dann, so dachte Dathe, musste man das tun. Man musste neue Tiere auch nicht in einer feierlichen Parade in den Tierpark überführen. Aber warum nicht, wenn gleichzeitig ein großer Zeitungsartikel erschien, in dem die Neuankömmlinge ausführlich vorgestellt wurden. Unter Hinweis auf die nicht artgerechte Haltung sind viele dieser Aktionen schon lange nicht mehr möglich. Auch Dathe wusste um diesen Zwiespalt, aber für dogmatische Entscheidungen waren ihm in diesem Punkt die Menschen einfach zu nahe.

Wenn ein Elefantenbaby mit Kindern durch den Park tobte – die Kleinen würden diese Begegnung doch in ihrem ganzen Leben nicht vergessen und später ernsthafte Tierschützer werden. Und wie konnte er der todkranken Frau den Wunsch abschlagen, noch einmal einen Pandabären zu streicheln? Wie konnte er es überhaupt Menschen abschlagen, den Tieren so nahe wie möglich zu kommen, wo er selbst doch dieses Privileg genoss?

Also durften bei ihm Löwenbabys gestreichelt und Schimpansen in den Arm genommen werden. Deshalb wurden neue Anlagen auch nicht einfach nur in Betrieb genommen, sondern gemeinsam mit den Berlinern groß gefeiert. Ein schönes Beispiel ist die Eröffnung der Eisbärenanlage 1957. Zwei Millionen Liter Wasser vor einer gigantischen Felskulisse, eine 86 Meter lange Schwimmbahn – einmalig in der Welt. Die Felsen aus dunklem Granit aus den Trümmern des ehemaligen Reichsbankgebäudes hatte man übrigens nicht zufällig verbaut. Vor dem dunklen Gestein konnten die Zuschauer die weißen Bären viel besser erkennen. Das klingt selbstverständlich, aber beim kompletten Neuaufbau muss man neben tausend anderen Dingen auf solche Lösungen erst einmal kommen. Eine gewaltige Anlage, gewiss, und für sich schon sensationell genug, aber man konnte noch einen draufsetzen …

Am Tag der Eröffnung stauten sich die Besucher vor dem leeren Gehege und warteten schon ungeduldig, es herrschte gespannte Stille, als plötzlich ein langer Pfiff aus einer Trillerpfeife ertönte. Endlich, die Bären … Von wegen! Im feschen Badeanzug erschien die Bären-Gerde (Pflegerin Gerda Wernicke), ein weiterer sportlicher Pfleger in Schwimm-Montur gesellte sich zu ihr. Staunen, Lachen, Klatschen. Mit einem eleganten Hechtsprung eroberten sie das gewaltige Becken, drehten eine Bahn und verschwanden.

Wieder gespannte Stille, dann der nächste Pfiff: Jetzt erschienen endlich die Bären.

Dann der dritte Pfiff! Was denn jetzt noch? Mit gurgelndem Grollen wurde der große Wasserfall der Anlage in Betrieb genommen. Was für ein Drehbuch! Dathe freute sich diebisch darüber, dass er die Spannung so hochgetrieben hatte. Nicht, weil er sich dafür als Regisseur feiern lassen wollte, sondern weil er wusste: Die kommen alle wieder!

Beim nächsten Mal, das kannte er auch schon, würden sie sich vielleicht von einem zahmen Eichhörnchen fesseln lassen. Amüsiert beobachtete Dathe immer wieder, wie sich die Menschen auch für solche scheinbar banalen Begegnungen begeistern konnten – wenn man ihnen erst einmal die Augen für die Wunder der Welt geöffnet hatte.

Um die Menschen schon von draußen auf den Tierpark einzustimmen, um sich für die Stadt und auch für zufällige Passanten zu öffnen, ließ Dathe 1958 das Bärenschaufenster einrichten, eine völlig neue Idee, die später oft kopiert wurde. Denn warum sollte es zwielichtigen Amüsierschuppen vorbehalten sein, ihre Kunden schon auf der Straße mit ihren Angeboten zu locken? Wie Türsteher, die mit Versprechungen auf ein schnelles Abenteuer die Kunden gewinnen, bezogen da Bären rechts vom Haupteingang Position, auch hier wieder wie auf einer natürlichen Bühne und damit dem Grundprinzip des Tierparks folgend. Immer sollte man nur eine einzelne Tiergruppe im Blick haben, um nicht abgelenkt zu werden, Felsbarrieren oder Büsche und Bäume, nicht Zäune oder Bauten, sollten die Anlagen begrenzen. Wer darauf achtet, erkennt schnell, dass sich dieses Konzept durch den ganzen Tiergarten zieht.

Wie ein guter Dozent begnügte Dathe sich aber nicht mit dem, was er in seinem gigantischen Hörsaal der Natur vermitteln konnte. Die Besucher sollten zu Hause ihr neues Wissen anwenden und vertiefen, allerdings nicht als strebsame Stubenhocker – dafür gab es ja die Wissenschaftler –, sondern als Erforscher ihrer Umwelt. In einer großen Grünfinkenaktion war die halbe Stadt auf den Beinen, um die Verbreitung dieser Vögel zu dokumentieren, die immer häufiger aus dem Wald in die Siedlungsgebiete aufbrachen. Der Igelschutz wurde mit Dathe populär, die Nistkästen, die er von den Berlinern in Massen bauen ließ, verrichten zum Teil noch heute ihre Dienste.

Zur Belohnung wurde dann gefeiert. Die großen Tierparkfeste mit Musik und Tanz erfreuten sich allergrößter

Beliebtheit, Konzerte lockten die Menschen an, mit dem Kinderzoo gewann er nicht nur die Herzen der kleinen Tierfreunde, sondern hatte die Großeltern auch gleich mit im Boot. Dathe wurde zum Menschenfänger, um seine Tiere in Szene zu setzen. Und er präsentierte sie dann, um den Menschen die Möglichkeit zu geben, sich selbst in ihnen zu entdecken. Fast schon ein Perpetuum mobile des Lernens und Staunens, ein Kreislauf, der sich mit wachsender Größe des Tierparks immer weiter ausbreitete und immer mehr Menschen einbezog.

Während er so bei den Massen den Grundstein für zoologisches Wissen legte und dabei bereitwillig immer wieder ganz von vorne anfing, forderte er von seinen Leuten gleichzeitig akademische Spitzenleistungen. Es machte ihn wütend, wenn ein talentierter Zoologe sein Können nicht nutzte, um das Wissen zu mehren. Er drängelte so lange, bis auch Zauderer und echte Faulpelze sich endlich hinsetzten, um eine Doktorarbeit zu schreiben. Unermüdlich suchte und fand er Themen im Tierpark, die einer wissenschaftlichen Betrachtung wert wären.

Als er dann 1973 zusätzlich Direktor der Forschungsstelle für Wirbeltierforschung der Akademie der Wissenschaften wurde, erhöhte er diesen Anspruch noch. Und als Herausgeber der Fachzeitschrift *Der zoologische Garten* schmerzte es ihn sehr, wenn nicht auch der Tierpark regelmäßig mit neuen Erkenntnissen glänzen konnte. Dathe empfand es beinahe als Verbrechen, wenn man in der größten derartigen Anlage der Welt arbeitete und nicht den größtmöglichen Gewinn aus all den Möglichkeiten schöpfte, die der Tierpark zu bieten hatte.

Dabei war er schon beinahe ängstlich darauf bedacht, vor den Fachkollegen anderer Einrichtungen möglichst bescheiden aufzutreten. Das lag erstens in seinem Naturell, denn schon als Schüler und später als Student trumpfte er, obwohl durch seinen Fleiß und sein blitzschnelles Verständnis stets im Vorteil, nie mit seinem Wissen auf. Zweitens waren und sind die Zooleute wie eine große Familie. Sie tauschen untereinander Tiere aus und ergänzen sich in Zuchtprogrammen – wer da Kredit verspielt, geht bei diesen Aktionen immer öfter leer aus. Dathe wurde hier zum geschickten Diplomat, der, obwohl er den größten Sandkasten hatte, bereitwillig alles hergab, was die anderen brauchen konnten. Selbstverständlich bekam er auch unheimlich viel zurück.

Zwischen all dem wartete schließlich noch die ganze Tagesarbeit. Alleine für die Futterverwaltung musste man so akribisch sein wie ein Finanzbeamter, nichts durfte verderben, alle Vorräte mussten ständig aufgefüllt sein, der Transport musste organisiert, ein Fuhrpark verwaltet, Tierumzüge vorbereitet werden. Und wenn alles erledigt war, wurde ein Tier krank oder schwanger, eine Seuche drohte, ein Elefant drehte durch, die Python bekam Bauchweh, und wer zum Teufel hatte das Außengatter bei den Bisons offen gelassen?

Apropos Mitarbeiter. In den ersten Jahren herrschte eine Fluktuation von rund 50 Prozent, weil der Tierpark, zu Dathes großem Ärger, keine anständigen Löhne zahlen konnte. Gute Leute waren so kaum zu bekommen, die Arbeitsverwaltung wollte Dathe sogar Diebe und Sexualstraftäter als Mitarbeiter schmackhaft machen. Das ging natürlich überhaupt nicht. Leute aus anderen DDR-Zoos nach Berlin holen wollte er aber nicht, das erschien ihm unfair. Nein, da musste man sich schon selbst helfen.

Dathe erfand deshalb den Ausbildungsberuf des Tierpflegers, damit wenigstens in der Zukunft gut ausgebildete Leute zur Verfügung stünden. Bis dahin musste er eben überall selbst sein. Der allererste Tierpflegerlehrling Alfred Kofferschläger erinnert sich in seinem Buch *Unbe-*

dingt mausgrau an einen Chef, der brüllen konnte, dass die Luft vibrierte, wenn durch Faulheit oder Schlamperei ein Tier zu Schaden kam. Dathe fing sich jedoch schnell wieder, denn er wollte mit seiner Kritik ja nicht verletzen, sondern Dinge verbessern, und ohne den Rückhalt seiner Leute, auch das wusste er, konnte das Aufbauwerk nie gelingen. Streng war Dathe aber nicht nur zu den einfachen Mitarbeitern, sondern noch mehr zu den Kollegen in Leitungsfunktionen. Nie sollte er dulden, dass sie sich auf einem Titel ausruhten, immer sollte er sie daran erinnern, dass sie die Menschen gewinnen und nicht verprellen sollten. Er hasste Unpünktlichkeit, manche nannten ihn nachtragend, dabei war es nur so, dass er nie etwas vergaß – alles überschauend, um alles besorgt, dabei pingelig bis ins Detail: Kein einfacher Mann, aber der Job war es ja auch nicht. Dathe, der einsam an der Spitze stand, war bereit, die Verantwortung auch alleine zu tragen und nicht an Untergebene abzuschieben. Er forderte viel – aber er kümmerte sich auch vorbildlich um seine Leute. Wenn es Probleme mit der Wohnung gab, ein leidiges Dauerthema in der DDR – Dathe erledigte einen Telefonanruf und der Fall wurde geklärt. Er kümmerte sich um Ausbildungs- und Studienplätze für die Kinder seiner Mitarbeiter, er kannte jeden mit Namen, und manchmal wusste er sogar schon vor den Betroffenen, wenn sich irgendwo eine Liebelei anbahnte. Da wurde er, der sonst so vornehm und zurückhaltend wirkte, erfrischend normal und sogar offen für Klatsch und Tratsch. Vergnügt lauschte er Erzählungen über zarte Bande im Schlangenhaus, er lächelte über heimliche Küsse hinterm Alfred-Brehm-Haus, und wenn dann für zwei Tierpark-Mitarbeiter die Hochzeitsglocken läuteten, hätte er wohl am liebsten mitgebimmelt.

Fremdgehen aber gab es bei ihm nicht. Wenn er mitbekam, dass da etwas aus dem Ruder lief, konnte er sich, was er sonst nie tat, ganz direkt ins Privatleben einmischen. Da war ihm der Betriebsfrieden wichtiger als die Diskretion. Wenn Mitarbeiter krank wurden oder einen Trauerfall zu beklagen hatten, war er der väterliche Vertraute, der alles tat, was in seiner Macht stand, um zu helfen. Da vergaß er schlagartig auch jeden Ärger, den es zuvor vielleicht gegeben hatte.

Dathe, der ewige Chef: Leicht ist es nicht, über Jahrzehnte glaubwürdig einer so großen Einrichtung vorzustehen, als ein Monolith, an dem es kein Vorbeikommen gibt, der dem Ehrgeiz der zweiten Reihe ein machtvolles Stoppschild vor die Nase hält. Wie kann man so lange miteinander arbeiten, ohne dass die Disziplin irgendwann schleift, ohne dass sich Kleinigkeiten allein durch die schiere Dauer des Nebeneinanders zu ständigem Zwist auswachsen?

Dathe halfen dabei zwei Dinge: Fachlich war er absolut unangreifbar, eine Autorität, die weltweites Ansehen genoss. Daran gab es nichts zu rütteln. Und durch seine unangreifbare Stellung im DDR-System hielt er alle äußeren Einflüsse aus dem Tierpark heraus. Nirgendwo sonst konnte man so ungestört einfach nur seiner Arbeit nachgehen. Da es für die allermeisten mehr als nur ein Job war, sondern auch eine Leidenschaft, genossen sie es, unter dieser Schutzglocke leben zu können.

So wurde er mehr und mehr zur Legende. Immer schon dagewesen, omnipräsent, kein Säulenheiliger, keine graue Eminenz, sondern der unverwüstliche Garant für geordnete, professionelle Abläufe. Draußen war der Staat mit all seinen Zwängen, drinnen im Tierpark regierte das logische, das berechenbare und nur auf ein Ziel gerichtete System Dathe. Wie hatte er es nur geschafft, den alles vereinnahmenden Staat so abzuschütteln?

Kapitel 5

Dathe und die Politik

Am ehesten wird man Dathe bei diesem Thema wahrscheinlich gerecht, wenn man den einen dunklen Punkt in seinem Leben genauso unverblümt anspricht wie er selbst in seiner Autobiografie: »So bin ich im September 1932 der NSDAP beigetreten.« Dass daraus lange nach Erscheinen seiner Memoiren einzelne Medien noch eine sensationsheischende Enthüllungsgeschichte machen wollten, wirft nicht nur ein seltsames Licht auf die Recherchequalitäten dieser Blätter, sondern auch auf die Absichten, die womöglich dahinterstanden. »Nazi Dathe: Der Tierpark kein grünes Paradies, sondern ein brauner Sumpf?« So las sich das noch vor wenigen Jahren in Zeitungen mit großen Buchstaben. Die Vermutung, dass mit solchen schreienden Schlagzeilen die posthumen Ehrungen Dathes für sein Lebenswerk sabotiert werden sollten – nicht etwa wegen eines furchtbaren Irrtums, dem er in seinen jungen Jahren unterlag, sondern einfach deshalb, weil es nicht sein konnte, dass auch in der DDR etwas Erhaltenswertes aufgebaut worden war –, drängt sich dabei auf. Unter dem Mäntelchen des Antifaschismus wurde die Gelegenheit genutzt, das ganze Lebenswerk eines Menschen zu verunglimpfen, der keinen Hehl aus seiner Vergangenheit gemacht hatte und nie wieder vergessen sollte, wie leicht Menschen missbraucht werden können.

Der Entschluss des 21-jährigen Dathe, der NSDAP beizutreten, soll nicht entschuldigt werden – das wollte er selbst auch nie; lediglich der Weg dahin und seine Beweggründe sollen kurz skizziert werden.

Ein stramm nationales Umfeld, im Elternhaus, an der Schule, Autorität überall, die doch gleichzeitig so furchtbar abgewirtschaftet hatte. Gedemütigte Kriegsverlierer, auch sein Vater war ja so heimgekehrt, die einer alten Ordnung nachhingen, die doch erkennbar völlig kaputt war. Kein Kaiser mehr, an den Dathe noch frühe Kindheitserinnerungen hatte, sondern Chaos. Und der junge Heinrich? Immer brav, immer strebsam, jawohl zum Vater, sofort, Herr Lehrer, so hatte er das gelernt. Doch als junger Student wusste er: Sie waren alle Verlierer, das ganze Land hatte verloren. Ein Heer von sechs Millionen Arbeitslosen, die Last riesiger Reparationen und dazwischen ein angehender Akademiker, der erkennen musste, dass er all seine Träume von einer glücklichen Zukunft begraben musste.

Ein junger Mann also, höchst empfänglich für die Parolen von einem radikalen Neuanfang, entflammbar für das bisher Unversuchte, für eine Hoffnung auf eine Kraft, die durch Zusammenhalt und Leidenschaft aus der Not endlich Stärke schafft. Hitler predigte in dieser Zeit nicht Massenmord und Kriegswahnsinn, sondern Zukunft und Hoffnung. Dathe hätte *Mein Kampf* lesen und seine Schlüsse ziehen können, aber da steckte er seine Nase doch lieber in seine geliebten Fachbücher oder war auf Exkursionen. Die lärmende Politik dieser Zeit berührte ihn nur am Rande. Dass der immer brave Streber sich dann von einem begabten Parteiredner bei der Ehre packen ließ und auch einmal bei denen sein wollte, die aufbegehrten, die sich nicht abfanden, die alles für den Erfolg geben würden, ist nicht verwunderlich, wenn man sich Tausende ähnlicher Lebensläufe ansieht. Genau das war das Potenzial, aus dem die Hitlerbewegung in dieser Zeit seine Parteigänger gewann: eine desillusionierte Jugend, die des scheinbar fruchtlosen Weimarer Parteienstreits überdrüssig war und nach schnellen Lösungen suchte.

Dathe unterschrieb also den Aufnahmeantrag, und weil er bisher immer ordentlich und strebsam war, ließ er sich auch hier keine Nachlässigkeit nachsagen, sondern sich bereitwillig für Kassierdienste der Mitgliedsbeiträge breitschlagen – Blockwart nannte man das auch, woraus sich über 70 Jahre später wunderbar hässliche Überschriften machen ließen. So mancher Verfasser muss sich fragen lassen, ob er nicht selbst bei viel kleineren Verführungen schwach wurde und wie er es mit erstaunlicher Wendigkeit nach mancher politischen Irrung geschafft hat, überhaupt in eine Position zu kommen, solche Schriften publizieren zu können.

Dem Vorbild einiger Professoren folgend, schrieb Dathe damals: »Auf meinem Fachgebiet wollte ich helfen, dem deutschen Namen in der Welt wieder zu Ansehen zu verhelfen.« So harmlos und unpolitisch sein Fachgebiet auch war, er sollte es, wie Millionen andere, noch bitter bereuen.

Die Funktion des Blockwarts sollte er übrigens schon 1936 hinschmeißen, als er fest im Zoo angestellt wurde und keine Zeit mehr für so einen unwissenschaftlichen Nebenjob hatte. Als der ideologische Irrsinn immer unübersehbarer wurde, gab es die ersten Konflikte.

Dathe, der schon damals die Fachzeitschrift *Der Zoologische Garten* lektorierte, konnte als Wissenschaftler einfach nicht verstehen, warum gute Aufsätze von jüdischen oder russischen Autoren nicht in der Zeitschrift erscheinen sollten. Was hatte denn die Herkunft mit der Qualität der Arbeit zu tun? Hatte ein Jude denn schlechtere Augen, eine Pole schlechtere Ohren, ein Russe keinen Verstand? Das wusste der Naturwissenschaftler in ihm aber besser, und da die Naturwissenschaft für ihn die Königsdisziplin war, pfiff er auf die absurde Anordnung und winkte solche Beiträge einfach durch. Das war vielleicht keine Heldentat, denn das Regime machte sich nicht unbedingt die Mühe, in Abhandlungen über das Fortpflanzungsverhalten eines Paarhufers nach systemzersetzenden Umtrieben zu forschen. Geradlinigkeit gehörte aber ganz bestimmt dazu, sich für einen von der Gestapo verhafteten Zoologen einzusetzen, dem wegen seiner Hitlerkritik das Todesurteil drohte. Prof. Dr. Dr. Walther Arndt, für den sich auch Ernst Ferdinand Sauerbruch einsetzte, wurde dennoch vom Volksgerichtshof verurteilt und hingerichtet.

Um Dathes Verstrickung und eine mögliche Schuld angemessen darzustellen, hätte ein Gang ins Archiv für die schnellen Schlagzeilenmacher also durchaus hilfreich sein können. In jüngster Vergangenheit besorgte das dann endlich eine Historikerkommission, die zu dem Schluss kam, dass eine reine Parteimitgliedschaft wie die Dathes einer Ehrung für sein Wirken im Tierpark nicht entgegenstehen könne.

Dathe sollte später nie wieder einer Partei beitreten. Er hatte seine Lektion gelernt und sollte sich eine Distanz zur Macht bewahren, die ihm eine innere Freiheit gab, die sich auf sein ganzes Wirkungsfeld ausweiten sollte.

Zunächst aber musste er für seine NSDAP-Mitgliedschaft bezahlen. Nach seiner Rückkehr aus der Kriegsgefangenschaft hätte es nämlich mit seiner Rückkehr in den Zoo unter Umständen auch schneller gehen können, wenn er nicht Parteigenosse gewesen wäre. Fachlich sprach ja alles für ihn, aber Posten im öffentlichen Dienst waren zunächst einmal für die Verfolgten des Nazi-Regimes vorgesehen. Hätte Dathe nicht auf vielen, vor allem fachlichen Ebenen Fürsprecher gehabt, die wussten, dass er alles andere als ein fanatischer Nazi war – er hätte es nie geschafft, in seinem Bereich wieder Fuß zu fassen.

Dass man ihm trotzdem die Chance gab, sich am Aufbau zu beteiligen, wieder zu lehren und zu lernen, das erfüllte ihn bei aller Distanz zur Politik mit einer gewissen Dankbarkeit gegenüber dem Staat, der ihm das ermöglichte. Er zahlte es zurück mit großer Loyalität, die sich allerdings nie auf den politischen Bereich erstreckte, sondern sich ausschließlich in der unermüdlichen fachlichen Arbeit niederschlug.

Er würde sein Bestes geben, sich aber nie wieder seine Überzeugungen vorschreiben lassen. Wenn er dabei vielen Menschen eine Freude machen konnte, sie vielleicht dazu anleiten konnte, sich selbst auf ihre Augen und Ohren und ihren Verstand zu besinnen, jeden Tag bewusst zu erleben und die Abläufe um sich herum richtig einzuordnen, dann wollte er das tun – als Wissenschaftler und als Mensch, aber nie wieder als Parteigänger.

Diese Vorsätze sollten schon bald auf eine Probe gestellt werden, denn im Ringen der Blöcke bezog auch die DDR schnell Stellung. Und mit gewohnter deutscher Akribie wurde dabei kein Lebensbereich ausgelassen. Der Feind konnte überall lauern, der Klassenfeind erst recht.

Als Dathe in seinem neuen Leipziger Job eine erste Reise zu einer Zoologentagung nach Westdeutschland unternehmen sollte, fand er sich kurz vor der Abreise im Büro seines Chefs in Gesellschaft eines ministeriellen Anzugträgers wieder, der an Dathes Reiseplänen höchst interessiert war. Es sei ja eine größere Gruppe von DDR-Bürgern bei der Tour dabei, und seine Behörde habe ein berechtigtes Interesse daran, zu erfahren, was da unterwegs so geredet würde, ließ der Mann ihn wissen. Mehr brauchte Dathe nicht zu hören. Er wollte die Tiere erforschen und nicht Menschen hinterherschnüffeln. Aber wenn das eine ohne das andere nicht ging? Man musste doch nicht alles erzählen, es konnte schließlich alles auch ganz harmlos sein. So dachten viele, andere wiederum konnten, ihre neue Karriere im Blick, gar nicht eifrig genug sein. Doch Dathe hatte die Zeiten der Verführbarkeit hinter sich und als Mann von über 40 einen klaren Standpunkt bezogen. Spitzeldienste? Dann blieb er lieber zu Hause und las seine Bücher. Es muss sehr überzeugend geklungen haben, wie er das vortrug, denn solche plumpen Anwerbungsversuche sollten sich nicht wiederholen.

Dass ihm menschliche Verpflichtungen wichtiger waren als Staatstreue zeigte sich auch im Vorfeld der Eröffnung des Tierparks. Dathe ließ es sich nicht nehmen, die Direktorin des Zoologischen Gartens in Westberlin persönlich über die Tierpark-Pläne zu informieren, noch bevor dies offizielle Stellen übernehmen konnten. Wie Dathe war auch Katharina Heinroth eine begnadete Ornithologin, und sie hatte sich während des Krieges ebenfalls für die Rettung von Walther Arndt eingesetzt. Dathe wollte diese großartige Frau – er nannte sie »Katharina die Einzige«, weil sie die einzige Frau auf dem Direktorenposten eines Zoos war – unbedingt als Freundin des Tierparks gewinnen und keinesfalls in eine politische Konkurrenz der beiden Einrichtungen geraten. Viele Jahre sollte es stillschweigende Kooperationen zwischen den Anlagen in Ost und West geben. Als er sie zur Eröffnung des Tierparks auf die Gästeliste setzen ließ und der Magistrat es ablehnte, sie zu empfangen, war für ihn die Sache ganz einfach: Dann gehe ich auch nicht hin! Denn wie sollte ein Tierpark erfolgreich werden, wenn er sich von Anfang an gegen Kontakte mit ausgewiesenen Experten sperrte? Für ihn war so etwas einfach albern und unwissenschaftlich. Dathe bekam seinen Willen, Katharina Heinroth wurde eingeladen.

Am Vorabend der Eröffnung schließlich ließ er aus dem Park die politischen Transparente entfernen. Seine Begründung: Sie versperrten die wunderbaren Sichtachsen, die mit so viel Mühe angelegt worden waren. Der Staatspräsident würde schließlich kommen, um die Tiere zu sehen,

Losungen bekäme er andernorts genug zu lesen. Dem war nichts entgegenzusetzen.

Als in der Frühphase des Tierparks der Dienstwagen Dathes vom Verwaltungsleiter für Gefangenentransporte ausgeborgt wurde (Autos waren damals sehr knapp), flippte Dathe richtig aus. Die Berliner würden einem so eifrigen Helfershelfer des Staates doch nie wieder vertrauen, die ganze Arbeit des Tierparks würde durch solche Anbiederei diskreditiert. Als dieser Verwaltungsleiter mit seinen Polit-Ambitionen sich dann auch noch in die eigentliche Tierpark-Arbeit drängen wollte, reichte es Dathe endgültig. Wie köstlich war es dann, als dieser Mann bei einer Tierbesichtigung, auf der er eigentlich nichts verloren hatte und sich auch noch vordrängte, von einem Pferd getreten wurde. Dathe, sonst nie schadenfroh, hatte einen richtig guten Tag und schaffte es bald darauf, sich diesen Karriersten vom Hals zu schaffen.

Auch in späteren öffentlichen und schriftlichen Äußerungen ließ Dathe sich nicht von der politischen Mobilmachung mitreißen. In einer Festschrift des Tierparks von 1958 finden sich zum Beispiel bemerkenswerte Unterschiede zwischen seinem Beitrag und dem des obersten Aufbauhelfers Horst Erdmann vom Nationalen Aufbauwerk. Während Erdmann mit Blick auf die Entwicklung des Tierparks von der »mitreißenden und klaren Perspektive des sozialistischen Sieges« schwadroniert und die »Überlegenheit der sozialistischen Gesellschaftsordnung gegenüber dem kapitalistischen Westberlin und Westdeutschland« feiert, beschränkt sich Dathe nahezu ausschließlich auf die Beschreibung des Parks. Auch in seinem Schlusswort, in dem er den Berlinern in herzlicher Weise für die großartige Mitarbeit beim Aufbau des Tierparks dankt, geht es bei ihm nicht um den Sieg einer politischen Idee, sondern um die Freude, die dieses gemeinsame Aufbauwerk den Berlinern brachte. Er schreibt ausdrücklich von »den Berlinern«. Dass er damit die ganze Stadt meinte, wird klar, wenn er weiter ausführt, dass »dem Tier eine Heimstätte, der Bevölkerung aber ein Platz für Belehrung und Erholung mitten im Häusermeer der Riesenstadt Berlin gegeben werden soll«. Die Riesenstadt – kein Ost oder West, sondern einfach nur Berlin.

Ganz anders als die Politaktivsten, die bei solcher Gelegenheit auch höhnisch mit den früheren adligen Eigentümern des Schlosses, der Familie von Treskow, abrechneten und die Idee des Sozialismus im Kontrast dazu hochleben ließen, integrierte Dathe still und leise die Grabstätte der Familie in den Tierpark und bewahrte so das Andenken an die Geschichte des Parks, wofür ihm die Nachfahren der von Treskows heute noch dankbar sind.

Wovon Dathe sich allerdings anstecken ließ, das war das große Gemeinschaftsgefühl, das der Tierpark erzeugte. Wenn er an den unermüdlichen Einsatz der vielen Freiwilligen dachte, konnte sogar er euphorisch werden. Der »schwungvolle, optimistische Aufbauwille« wurde von ihm gefeiert und »ein Leben, das dadurch schöner und reicher wird« in Aussicht gestellt. Zumindest auf seinen 160 Hektar volkseigenen Paradieses stimmte das ja auch.

Es war und blieb aber, anders als ein großer Teil des Staates, offen für alle – egal ob aus Ost oder West. Und sie kamen alle und wurden mit hohen Ehren empfangen: Konrad Lorenz etwa, der Nobelpreisträger aus Österreich und »Einstein der Tierseele«, oder Bernhard Grzimek, legendärer Tierfilmer und Verhaltensforscher, der lange den Zoo in Frankfurt am Main leitete.

Selbst als die Mauer längst stand, machte Dathe klar, dass es für Tierfreunde keine Grenzen geben kann. Als hätte er vorausgeahnt, dass die Dinge dereinst eine andere Wendung nehmen könnten, machte er in aller Öffentlichkeit deutlich, dass Zoo und Tierpark einander ergänzten, dass sie nicht die Schaustücke konkurrierender Systeme, sondern einfach nur wertvolle Einrichtungen mit unterschiedlichen Schwerpunkten zum Schutz der Tiere waren. In seinem Buch *Tierkinder aus Zoologischen Gärten*, das 1964, also drei Jahre nach dem Mauerbau, erschien, versammelte Dathe auch wunderbare Aufnahmen aus dem Zoo im Westteil der Stadt. In seinen Begleittexten beschrieb er die Porträts der Tierkinder West genauso begeistert wie die Exemplare aus seinem eigenen Park, er lobte die Zuchterfolge der West-Kollegen genauso wie die der Zoomitarbeiter aus Prag. Wer diesen Band, der weite Verbreitung fand, durchblättert, kann kaum glauben, dass es einen Eisernen Vorhang gab, der Europa trennte. Ganz selbstverständlich schrieb Dathe, dass in seinem Buch Bilder aus dem Tierpark »und anderen befreundeten Zoologischen Gärten des In- und Auslandes« gezeigt wurden.

Der Tierpark wurde in den Jahren nach der Teilung, als Westbesuch verdächtig war und argwöhnisch beäugt wurde, auch zu einem der wenigen wirklich offenen Orte, in dem zwanglose Begegnungen zwischen Ost und West möglich waren. In der Masse der Besucher lösten sich alle Gegensätze auf, Dathe selbst förderte solche Treffen durch sein selbstverständliches Vorbild, zumindest für einige Stunden wurde sein grünes Paradies zu einem geschützten Hafen für zerrissene Familien und getrennte Freunde. Im Gewusel zwischen den Anlagen blickte auch die Stasi nicht mehr durch, wer Freund oder Feind war, sich zufällig traf oder gezielt verabredete.

Dathe, der preußische Sachse, wurde mit den Jahren so international wie seine Tierfamilie: geachteter Partner im Internationalen Verband von Direktoren Zoologischer Gärten, korrespondierendes Mitglied der Amerikanischen Ornithologen-Union und so weiter. Überall glänzte er durch Fachkenntnisse, die er als höchst unterhaltsamer

Redner humorvoll vermittelte. So, wie die Berliner ihn aus seinen populären Sendungen kannten, lernte ihn auch die ganze Fachwelt kennen: Gewitzt, fachlich höchst beschlagen und dennoch bescheiden. Er erhielt zahlreiche Ehrungen; aber nicht nur die DDR schmückte sich mit ihm (Nationalpreis für Wissenschaft und Technik der DDR 1966, Stern der Völkerfreundschaft in Gold 1975, Großer Stern der Völkerfreundschaft am Bande 1985), auch im Ausland wurden seine Leistungen anerkannt. Die Konrad-Lorenz-Medaille der Österreichischen Akademie der Wissenschaften, die ihm 1990 verliehen wurde, war in seinem schweren letzten Amtsjahr eine große Hilfe im Kampf gegen den Zerschlagungswahn, der im Zuge der Vereinigung um sich griff. Denn sie machte, neben vielen anderen Stimmen aus dem In- und Ausland, noch einmal eines klar: Dathe und der Tierpark waren nicht einfach nur ein beliebiges Stück DDR, das man ohne Konsequenzen abwickeln konnte, sondern, eingebettet in internationale Forschungsprojekte, ein wichtiger Teil der weltweiten zoologischen Familie. Wer hier die Axt anlegte, machte sich auch zum Totengräber der Wissenschaft.

Erwähnenswert ist in diesem Zusammenhang, wie Dathe das Wendejahr 1989 erlebte. Für den Tierpark war es mit 3,2 Millionen Besuchern das erfolgreichste Jahr seines Bestehens, mit einer Million Mark flossen die Geldspenden so reichlich wie nie zuvor, es gab bemerkenswerte Zuchterfolge zu vermelden: bei den Eisbären, dem sehr seltenen somalischen Wildesel und dem Arabischen Oryx, dem Riesenseeadler und dem Brillenpinguin, den Wassermokassinschlangen und Tigerpythons. Das ist nur ein winziger Ausschnitt aus einem extrem erfolgreichen Jahr, und es ist typisch für Dathe, dass er den Blick weg von den politischen Verhältnissen im Land hin zu den aktuellen Aufgaben im Tierpark lenken wollte. Denn er ahnte: Egal, was kommen würde, man müsste alle Kräfte aufbieten, um in den Zeiten der Veränderung für Kontinuität im Tierpark zu sorgen. Wie er es schon bei der Eröffnung gesagt hatte, war hier ein Jahrhundertprojekt begonnen worden, das auf äußere Störungen äußerst sensibel reagieren konnte. In seinem Rechenschaftsbericht schrieb er dementsprechend: »Das Jahr 1989 wird dem gesamten Tierparkkollektiv in vielerlei Hinsicht unvergessen bleiben: Einerseits bewegten uns alle die gesellschaftlichen Veränderungen in unserem Lande, die aus verständlichen Gründen auch Auswirkungen auf die Tätigkeit der Mitarbeiter verschiedener Bereiche zeigten. Widersprüchliche Auffassungen zur gesamtgesellschaftlichen Entwicklung und zu aktuellen Tagesthemen prallten aufeinander – und doch waren sich alle einig, die Arbeiten mit den uns anvertrauten Tieren und für den millionenfachen Besucherstrom durften nicht vernachlässigt werden!«

Da klingt Sorge durch, aber auch die Zurückhaltung des verantwortungsbewussten Leiters, der die Verunsicherung so gering wie möglich halten will. Dennoch sah man ihn in diesen Tagen noch häufiger als sonst mit hinter dem Rücken verschränkten Armen durch den Tierpark gehen, ins Gespräch vertieft mit Mitarbeitern, die in dieser bewegten Zeit seinen Rat suchten. Den gab es allerdings nur vom Tierparkdirektor, einen politischen Analytiker gab Dathe auch jetzt nicht her. Wer zu Dathe ging und wissen wollte, was nun zu tun sei, bekam deshalb eine einfache Antwort: arbeiten, an die Tiere denken und die Zukunft so gestalten, dass das Erreichte nicht gefährdet würde.

Insgesamt aber fiel für Dathe die Bilanz für 1989 noch sehr positiv aus, war doch endlich das Dickhäuterhaus eröffnet worden – für ihn unbedingt ein Grund zum Feiern. Und so schloss er: »So können wir heute trotz aller unleugbaren Probleme eine erfreuliche Bilanz des Tierparkjahres 1989 ziehen.«

Kapitel 6:

Ausbrecher und Herzensbrecher

Für Zoodirektoren auf der ganzen Welt sind sie ein Alptraum, der Gipfel der Peinlichkeit und der Beweis, dass in ihrer Anlage einiges schiefgelaufen sein muss: Ausbrecher. Selbst wenn die ganze Stadt sich darüber amüsiert, wie zum Beispiel eine Affenhorde neue Lebensräume erprobt, können Zoodirektoren über solche Vorfälle überhaupt nicht lachen. Da muss irgendwo mächtig geschlampt worden sein. Tausend Mal gepredigt, ermahnt, kontrolliert und die Gehege optimiert – alles umsonst. Heute ist es vielleicht nur ein kleines Zebra. Aber nächste Woche lassen sie vielleicht einen Bären laufen. Dann ist auch in der Stadt der Spaß schnell vorbei. Dabei geht es nicht nur um die mögliche Gefahr für Besucher, Mitarbeiter und Anwohner. Auch die Sorge um die Ausbrecher selbst ist dann groß. Vielleicht sind die Tiere über Tausende Kilometer an ihr Ziel gereist oder das Ergebnis einer besonders seltenen Zucht; vielleicht gehören die Ausreißer zu einer besonders empfindlichen Art, für die jeder Stress tödlich sein kann. Aber im Zoo arbeiten nun einmal nur Menschen und keine Roboter, und die Tiere sind sowieso unberechenbar.

Eine Anlage im Aufbau ist ein einziges Tollhaus. Die Villa Kunterbunt von Pippi Langstrumpf wirkt im Vergleich zum Schloss Friedrichsfelde in den Anfangsjahren des Tierparks wie eine öde Spießer-Villa. Da hausten Schimpansen und Löwen, während an ihren eigentlichen

www.eulenspiegel-verlag.de

Liebe Leserin, lieber Leser,

herzlichen Dank, dass Sie sich für unser Buch entschieden haben! Damit Ihnen unsere Produkte in Zukunft noch mehr Freude bereiten, haben wir vier Fragen an Sie.

Diese Karte habe ich dem Buch _____ entnommen.

Wie hat Ihnen dieses Buch gefallen? Bitte geben Sie ihm eine Schulnote:

1	2	3	4	5	6
◯	◯	◯	◯	◯	◯

sehr gut · gut · befriedigend · ausreichend · mangelhaft · ungenügend

Ich interessiere mich für:

- ☐ Humor/Witz
- ☐ Unterhaltung
- ☐ Romane
- ☐ Biografien
- ☐ Kinderbücher
- ☐ Hörbücher
- ☐ Politisches Sachbuch
- ☐ Krimi

Wie haben Sie vom Buch erfahren?

- ☐ Besprechung in den Medien
- ☐ Anzeigen-Werbung
- ☐ Veranstaltung / Lesung
- ☐ Buchkatalog
- ☐ persönliche Empfehlung
- ☐ Buchhändler-empfehlung

Gewinnspiel: Mit dieser ausgefüllten Karte nehmen Sie automatisch teil.

1. Preis: Eine Reise für 2 Personen nach Berlin
2. Preis: 5 x 1 Buchpaket im Wert von 100,- €
3. Preis: 10 x 1 Buchpaket im Wert von 50,- €

Vorname

Name

Straße und Hausnummer

PLZ und Ort

E-Mail-Adresse — Geburtsdatum

Beruf

Alle persönlichen Angaben werden vertraulich behandelt und nicht an Dritte weitergegeben.

☐ Bitte schicken Sie mir Ihr aktuelles Verlagsprogramm kostenfrei und unverbindlich zu.

☐ Bitte senden Sie mir Ihren monatlichen Buch-Newsletter kostenfrei per E-Mail zu.

Deutsche Post ✶
ANTWORT

Eulenspiegel Verlagsgruppe
Leserservice
Neue Grünstraße 18
10179 Berlin

Wir übernehmen das Porto für Sie!

Anlagen noch gewerkelt wurde, und im Keller gab es eine Schlachterei. Die Löwen und die anderen Tiere mussten ja gefüttert werden. Zwei einstige Pferdemetzger hatten hier also ihr verborgenes Reich – einer der wenigen Orte, an denen man Dathe mit hoher Wahrscheinlichkeit aus dem Weg gehen konnte. Dieser blutigen Notwendigkeit in der Tiergärtnerei kam er nur ungern zu nahe. Die ersten Elefanten wurden im ehemaligen Kuhstall des Schlosses untergebracht, auch die Pelikane hatten dort ein provisorisches Eckchen, überall stolperten Handwerker herum, der berühmte Sack Flöhe war wirklich ein Kinderspiel gegen dieses Drunter und Drüber aus Beinen, Rüsseln und Schnäbeln, aus Krallen und Klauen, aus Tatzen und Pratzen. Es war wie auf der Arche Noah bei schwerem Seegang, und zwischen all dem Geflatter und Geschnatter sollte der Kapitän nun Kurs halten und gleichzeitig darauf achten, dass keiner über Bord ging.

Ein Ausbruch ist aber nicht nur eine Gefahr für Mensch und Tier. Er macht dem Zoologen auch noch das Leben schwer, weil er in Teilen der Bevölkerung Vorbehalte gegen Zoos wecken oder verstärken kann. Denn ausbrechen wird man ja nur aus einem Gefängnis, dem man entfliehen will. Der Zoo als Tierknast – so dachte auch Dathe als Jugendlicher. Die Zoologen sehen das natürlich nicht so, und oft haben sie damit recht. Auch viele Tiere in der freien Wildbahn ziehen es jeder anderen Betätigung vor, satt und zufrieden im Schatten zu liegen. Wer durch die Gegend rennt, hat meistens einen zähnestarrenden Kiefer im Nacken, und dessen Besitzer gibt auch nur Vollgas, weil sein Steak vier schnelle Beine hat und partout nicht gefressen werden will. Viele Tiere sind also ganz zufrieden, wenn sie nicht in die böse, gefährliche Welt hinausmüssen, wenn sie ein sicheres Eckchen gefunden haben, an dem sie fressen, schlafen und sich sogar fortpflanzen können, ohne dass ihnen ständig ein stärkerer Rivale das Weibchen streitig macht.

Aber wie soll man das einer zweifelnden Bevölkerung erklären, wenn freche Ausreißer das genaue Gegenteil vorführen? Es weiß ja keiner, ob sie sich vielleicht nur von einem neuen Nachbarn gefürchtet haben oder ein schusseliger Pfleger vergessen hat, sie zu füttern. Solche Gedanken plagen also einen Zoodirektor, und auf ihren Kongressen sitzen sie dann zusammen und reden über die Angst vorm Klingeln des Telefons, die nur sie selbst verstehen. Für Dathe, der ab 1956 auf dem Tierparkgelände wohnte, kam dazu noch die Haustürklingel. Er konnte später noch viele Amtskollegen trösten, wenn sie über ihre Ausbrechersorgen klagten. Dathe selbst hatte solche Abenteuer noch vor der Eröffnung überstanden, und es sollte der Entwicklung des Tierparks nicht schaden. Da muss man einfach durch.

Seine ersten Sorgenkinder waren Rhesusäffchen, die sich aus ihrer provisorischen Anlage schon vor der Eröffnung des Tierparks verabschiedeten. Die Tiere haben ein ausgeprägtes Sozialverhalten und leben in der Gruppe. Wenn einer stiften geht, sind alle weg! Sie können schwimmen und klettern; in ihrer asiatischen Heimat leben sie mitten in Großstädten, als heilige Tiere der Hindus häufig in Tempelanlagen. Denen könnte es also auch in Berlin ganz gut gefallen ...

Plötzlich saßen sie also in den Obstbäumen vorm alten Kuhstall, und von dessen Dach aus war es nur noch ein Sprung in die Freiheit. Ein Glück, dass sie Obst so mögen, sonst wären sie vielleicht schon weg gewesen. Dathe ließ sofort das Dach des Kuhstalls von Tierpflegern besetzen, um den Affen diesen Weg in die Stadt abzuschneiden. Dann schickte er seine übrigen Männer in die Bäume. Von den gemütlichen Grunzlauten der Affen war jetzt nichts mehr zu hören. Schrille Alarmschreie gellten durch den

Park. Aber es half nichts. Einen nach dem anderen fingen die Pfleger mit Schlingen ein, so ein Baum ist nämlich von Natur aus eine Sackgasse. So endete dieser Ausflug mit einem empörten Geschnatter, noch bevor er richtig angefangen hatte.

Ebenfalls noch vor der Eröffnung machte sich ein Papagei selbständig. Der Tierpark hatte noch keine richtige Anlage für Papageien, bis dahin hausten sie in ihren Transportkisten. Und was hatte Dathe nicht gepredigt: Nach jedem Füttern müssen die Kisten wieder sorgfältig zugenagelt werden. So ein Kakadu ist nämlich mit seinem Schnabel sehr geschickt und befreit sich im Nu.

Aber Tierpfleger wissen es auf der ganzen Welt besser: Lass den Chef doch reden, wir machen das schon. So, wie sie es für richtig halten. So, wie es für sie bequemer ist. Die Deckel der Kisten wurden also nicht zugenagelt, sondern mit Ziegelsteinen beschwert. Das klappte prima – nur mit dem Handwerker, der gerade in diesem Moment einen Ziegelstein brauchte, hatte natürlich niemand gerechnet. Murphys Gesetz, wonach alles, was schiefgehen kann, auch schiefgeht, war sechs Jahre zuvor von dem Ingenieur Edward A. Murphy formuliert worden. Mit unbarmherziger Verlässlichkeit trat es auch jetzt wieder in Kraft. Den Ziegelstein sehen und nehmen war die eine, der hellwache Kakadu und sein kräftiger Schnabel waren die zweite Kraft, die wirksam wurde. Sekunden später saß der Goldhaubenkakadu auf einem Baum, und je näher man ihm kam, desto höher flatterte er.

Ein Fall für die Feuerwehr. Aber auch die konnte mit ihrer Ausziehleiter nichts ausrichten, bis Dathe die rettende Idee hatte. Man musste den Vogel klatschnass spritzen, damit er nicht mehr fliegen konnte. Gesagt, getan! Und es klappte. Wie ein nasser Sack hing der Vogel an seinem Ast und musste nur noch heruntergeholt werden.

Jetzt bestand die Gefahr, dass das empfindliche Tier sich erkältete, was leicht tödlich enden konnte. Aber auch hier wusste Dathe Rat: Ein Friseur wurde alarmiert, er räumte dem Notfallpatienten sofort einen Termin ein und föhnte ihn trocken. Der Papagei schimpfte zwar, überstand die Behandlung aber völlig unversehrt.

Schwerwiegendere Folgen hatte die Solotour eines Löwenmädchens im Schloss. Wer auch immer vergessen hatte, das Fenster zu schließen, musste sich hinterher Vorwürfe machen, dass wegen ihm die Raubkatze zwei gebrochene Beine hatte. An diesem Tag zitterte das Schloss bis in seine Grundfesten vor der verständlichen Wut des Direktors.

Den aufregendsten und wildesten Ausbruch gab es im Tierpark übrigens ausgerechnet zu Weihnachten, wenn alle am liebsten friedlich zu Hause sitzen. Aber das muss man Schimpansen erst einmal erklären. Auch die wohnten an diesem Heiligabend 1958 noch im Schloss, der Tag war verdächtig friedlich verlaufen, entgegen jeder Erfahrung, die Dathe bis dahin gesammelt hatte. Er wusste, dass immer dann etwas passierte, wenn es überhaupt nicht passte – Feiertage waren dafür prädestiniert. Sollte es wirklich einmal anders, also nach Plan, verlaufen? Auf einem abschließenden Rundgang an diesem Tag machte er gerade eine entsprechende witzige Bemerkung, als ihm die wilde Wirklichkeit recht gab. Die Schimpansen hatten sich aus dem Staub gemacht. Schöne Bescherung!

»Konga« und »Niddy«, zwei frühere Zirkustiere, hielt man als einstige Stars der Manege standesgemäß im Schloss. Dort waren sie bei der Fütterung zunächst aus ihrem Käfig geflohen und machten dann Faxen auf dem Schlossbalkon. Von dort turnten sie ins Klo und schließlich ins Freie, wo sich ihnen der Affenpfleger mutig entgegenstellte. Vom Fest des Friedens wollten die Schimpansen aber nichts wissen, der Mann wurde kräftig gebissen! Dathe und seine

Leute kamen in diesem Moment dazu – und reagierten genau richtig. Um die Tiere zu beruhigen, bewegten sie sich selbst wie die Affen, bildeten also ein friedliches Rudel. Die Schimpansen ließen sich sogar abklatschen und folgten dieser freundlichen blassen Horde wieder zurück ins Schloss, bis zum Vorraum des Käfigs. Als dort die Tür ins Schloss fiel, ahnten sie aber, dass man sie reingelegt hatte und stürzten sich auf die Schauspieler. Schimpansen haben mächtige Gebisse, da darf es nicht verwundern, dass alle sich in wilder Flucht übten. Sobald die Tiere wieder allein waren, erkundeten sie den Raum und entwichen durch ein Fenster. Dieses Spiel beherrschten sie schon ganz gut.

Auf dem Rasen vor dem Schloss kam es also zum neuerlichen Kräftemessen zwischen Mensch und Affe, es endete drei zu null. Drei gebissene Tierpark-Männer bluteten und fluchten, während die Affen sich jetzt endgültig auf den Weg aus dem Tierpark machten. Unterwegs ärgerten sie noch ein wenig die Elefanten und Nashörner, dann hielt sie nichts mehr, sie kletterten über die Außenmauer, und weg waren sie. Fassungslose Anwohner glaubten schon, dass der Weihnachtsmann sich im Kostüm vertan hatte, als auch schon Dathes Trupp atemlos angekeucht kam.

Die Schimpansen ließen sich davon nicht stören. Seelenruhig betraten sie ein Haus und marschierten durch die Hintertür wieder hinaus, schauten sich in einem weiteren Haus um und schienen dann endlich zu merken, dass es bei ihnen zu Hause doch am schönsten war. Sie machten also kehrt und bummelten zum Eingangstor des Tierparks zurück. Der Pförtner, der keine Ahnung von der ganzen Vorgeschichte hatte, begrüßte die Tiere mit Handschlag und bugsierte sie in ein leeres Zimmer. Die Fenster wurden verrammelt, die Tür abgeschlossen, aber zurück ins Gehege war es noch ein weiter Weg.

Die Affen nutzten den Kriegsrat, der draußen abgehalten wurde, um systematisch das Zimmer zu zerlegen. Dathe ließ dann eine Kiste für den Rindertransport holen, die genau vor die Tür des Zimmers passte. Der Tiermeister sollte die Affen dann in die Kiste locken, von da an wäre alles ein Kinderspiel. Es klappte!

Endlich am Ziel angelangt, wollte dann einer der Affen um keinen Preis aus der Kiste heraus. Da halfen kein Futter und keine noch so raffinierten Psychotricks. Dathe ließ den Pfleger weinen – im Normalfall springt dann der Affe herbei, um ihn zu trösten. Nichts passierte. Dann ließ Dathe den Pfleger von den anderen Helfern schlagen – gewöhnlich springt der Affe seinem Liebling dann sofort zur Seite. Aber auch das half nichts. Erst als der mutige Pfleger den Affen dann an die Leine nahm, ließ er sich zurück in seinen Käfig bringen.

Der Feiertag war gelaufen, die Christmetten vorbei, die Braten verspeist – ohne die Männer des Tierparks.

Doch auf die Tiere konnte man einfach nicht wütend sein. Sie wollten ja nicht die geplagten Tiergärtner ärgern, sondern folgten einfach ihren Impulsen. Sie konnten schließlich nichts dafür, wenn sie genau das Stresszentrum eines sorgenden Menschen trafen und einen so nachhaltigen Eindruck hinterließen. Solche Erlebnisse waren es auch, die die Mitarbeiter noch enger mit den Tieren verbanden, die dafür sorgten, dass man sie als eigene Persönlichkeiten erlebte und immer an diese gemeinsamen Abenteuer denken würde. Es sind die Sorgenkinder, die man besonders ins Herz schließt und deren weiteren Weg man mit spezieller Fürsorge verfolgt. Besonders bei langlebigen Tieren entwickelt sich so eine tiefe Bindung, die dann den Abschied unsagbar schwer macht. Für Dathe, sonst ein Mann schneller Entschlüsse, weil hinter jeder Ecke schon fünf neue Entscheidungen warteten, waren das immer die schwersten Momente seines Berufs: Eine Entscheidung darüber zu treffen, wann es besser war, einen seiner langjährigen Schützlinge einschlafen oder sein Leiden weiter ertragen zu lassen. Aber je länger er mit solchen Fragen kämpfte, desto schwieriger wurde eine Antwort. Viele Tiere entwickeln wie Menschen im Alter oder bei Krankheit neue Verhaltensweisen, die dem, der sie schon lange begleitet, zu Herzen gehen. Ein Streithahn wird da vielleicht ganz sanft, ein Nimmersatt zum Feinschmecker, ein Grobian sensibel. Wer eng mit Tieren zusammenlebt – und wer tat das mehr als Dathe – registriert solche Veränderungen und bleibt davon nicht unberührt.

Als junger Zoologe hatte Dathe in Leipzig noch darüber gestaunt, dass sein damaliger Chef sich die letzte Entscheidung über Leben und Tod so schwer machte. Aber je älter er selbst wurde, je länger er mit den Tieren lebte und von ihnen lernte, als desto schwerer empfand er die Last dieser endgültigen Verantwortung.

Es war so grausam leicht, ein Leben zu beenden. Es war unmöglich, es selbst zu erschaffen, und unendlich schwer, es wenigstens auf den ersten Schritten zu unterstützen und dabei zu helfen, dass ein kleines Wesen Tritt fassen konnte. Dathe, der so oft als Geburtshelfer für mannigfaches Leben Dienst tun durfte – als Sterbehelfer brach es ihm dann manchmal fast das Herz. Aber wer diesen Zwiespalt nicht aushält, wer sich nicht klarmacht, dass in jedem Anfang auch ein Ende steckt, der darf diesen Beruf nicht ergreifen. Die Gelassenheit, mit der Dathe später auf sein eigenes Altern reagierte, die Würde, die er sich bis zuletzt bewahrte – in dieser ständigen Auseinandersetzung mit dem Unvermeidlichen, Natürlichen, liegt eine Quelle seiner unerschütterlichen inneren Haltung gegenüber dem biologischen Imperativ des Vergehens. Daraus bezog er auch die ständige, ungetrübte Freude, wenn der Tierpark dem Leben auf die Sprünge helfen konnte.

Diese Möglichkeit war es auch, die ihn vom jugendlichen Zoo-Skeptiker zum leidenschaftlichen Tiergärtner machte. Und im Tierpark nutzte er sie auf eine Weise, als wollte er persönlich einen Teil der traurigen Geschichte, die Zoos in früheren Zeiten geschrieben haben, wiedergutmachen.

Denn tatsächlich waren die frühen Zoos eher Orte der Quälerei als ein Quell des Lebens. In diesen Kuriositäten-Kabinetten war Sensationslust Trumpf, ein sensibler Umgang mit den Tieren die große Ausnahme. Die Menagerien der Adligen dienten nur der erweiterten Prachtentfaltung des Herrschers und nicht der liebevollen Hege und Pflege seltener Arten. Kein Wunder, dienten doch die allerersten Tiersammlungen Europas fast ausschließlich dazu, die Jagdlust des Adels zu befriedigen. Möglichst viele Tiere wurden da zusammengepfercht, um sie später lustvoll abschlachten zu können.

Wahre Tierhöllen entstanden so, und in den Nachfolgeeinrichtungen war es nicht viel besser. Bedrückende Enge, ignorante Behandlung, es war kein Wunder, dass viele Tiere nur wenige Wochen oder Monate überlebten. Na und, fing man eben ein Neues!

Diese Haltung brachte manche Tierarten in freier Wildbahn an den Rand des Aussterbens. Dass der Tierpark später diese Entwicklung sogar umkehren konnte, sich heute in so großem Umfang an Auswilderungsprogrammen und Erhaltungszuchten beteiligt, ist Dathe und seiner radikalen Abkehr von der früheren Zoogeschichte zu verdanken.

Wie ernst es ihm damit war, zeigt besonders sein Engagement für scheinbar völlig unspektakuläre Tierarten. Denn neben den gefeierten Zuchterfolgen bei seltenen Exoten, bei denen zwischen den führenden Einrichtungen weltweit schon zu Dathes Zeiten ein regelrechter Wettbewerb ausgebrochen war, kümmerte er sich auch um selten gewordene Haustierrassen, die den reinen Leistungszuchten zum Opfer zu fallen drohten. Als noch niemand von ökologischer Landwirtschaft sprach, von der Bedeutung widerstandsfähiger alter Nutztierarten für einen naturnahen Landbau, da öffnete Dathe schon den Tierpark für diese bedrohten Arten. Unbejubelt von der Öffentlichkeit und von anderen Zoodirektoren, begann er hier ein Arterhaltungsprogramm, das keinerlei Prestige einbrachte, einfach nur, weil er es für wichtig hielt.

Bei Exoten-Nachwuchs flogen ihm dafür dann die Herzen umso mehr zu. Aber auch dabei ging es natürlich nicht nur darum, die Besucher zu entzücken, sondern bedrohten Arten beizustehen und mehr über sie und ihre Bedürfnisse und Lebensweise zu ergründen. Dass das automatisch dazu führt, dass die Haltungsbedingungen immer besser werden, war für Dathe nicht nur ein erfreulicher Nebeneffekt, sondern ein echtes Anliegen. Die einfache Gleichung, dass es Nachwuchs nur gibt, wenn man der Natur so nahe wie möglich kommt, half ihm zuverlässig dabei, wenn es darum ging, neue Investitionen für den Tierpark durchzusetzen.

Deshalb ließ er auch kaum eine Gelegenheit aus, die bald einsetzenden Erfolge als süße Druckmittel für den weiteren Ausbau des Tierparks zu nutzen. Ständig sah man ihn mit einem niedlichen Tierbaby im Arm, unzählige Fotos zeigen ihn streichelnd, fütternd und immer lächelnd. Manche unterstellten ihm sogar Eitelkeit, weil sein Bild dadurch so oft in den Zeitungen war. Und er ließ sich tatsächlich gerne fotografieren. Aber nur, weil die Tiere mit auf dem Bild waren. Dathe wusste, dass sie die Stars waren – dass sie selbst nicht sprechen, ihre Popularität nicht nutzen konnten. Da sprang eben er in die Bresche, das war sein Auftrag. Jeder gelungene Schnappschuss, der so in die Presse gelangte, gab seinem Wort mehr Gewicht, und der

Mann mit der Brille war bald so populär, dass für DDR-Kinder ein anderer Traumberuf als Tiergärtner kaum in Frage kam.

Oft musste er lachen, wenn er daran dachte, dass auch die Erwachsenen sich seinen Alltag so vorstellten: Leckereien verteilend, Tiere streichelnd, hier ein Wehwehchen kurierend, dort einen Balztanz studierend. Dass er mehr Zeit als bei seinen Schützlingen mit den Akten verbrachte, die sich – ein unergründlicher Fluch der Evolution – noch weitaus erfolgreicher und scheinbar wie von alleine vermehrten, wussten die wenigsten. Manchmal konnte er seine Assistenten, die oft viel näher am Geschehen waren, zwar richtig beneiden, aber dann dachte er wieder an die vielen beglückenden Momente, die er trotz aller bürokratischen Gefangenschaft immer noch hatte.

Besonders intensiv und endlich auch einmal richtig lange durfte er sich dem Bärenkind »Evi« widmen. Hier konnte man einen Dathe erleben, der die wissenschaftliche Distanz vergessen durfte, der nicht kühl notierte, wie das »Kindchenschema« der Tierbabys »den Menschen« zur Rührung bringt, sondern der sich selbst Hals über Kopf und mit Haut und Haaren in so ein kleines Wesen verliebte, ja richtig vernarrt war. Vaterstolz leuchtete ihm da aus allen Knopflöchern seiner unvermeidlichen Jackets, und während draußen die Welt in zwei Hälften zerfiel, mit dem Mauerbau 1961 Familien auseinandergerissen wurden, zog im Tierpark ein dermaßen niedlicher Wirbelwind ein, dass viele Berliner die politischen Stürme wenigstens stundenweise vergessen konnten. Es sollte 46 Jahre dauern, bis zum Eisbärenkind »Knut«, dass Berlin wieder so hingerissen jeden einzelnen Schritt eines Tierkindes verfolgte, einen so knuffigen Tollpatsch in menschlicher Obhut aufwachsen sah. Das wunderschöne Buch, das von dieser Episode erzählt, trägt zwar den Titel *Bäreneltern wider Wil-*

len, aber jede Zeile verrät, wie dankbar Dathe und seine Frau für diesen Familienzuwachs waren.

Schon Evis Geburt war eine Sensation, zum ersten Mal in Europa und zum zweiten Mal weltweit hatte es bei Malaienbären in einem Zoo Nachwuchs gegeben. Und das auch noch bei laufendem Betrieb vor staunendem Publikum. Evi war also schon mit der Sekunde ihrer Geburt ein Liebling der Berliner – klar bei einer Stadt, die den Bären als Wappentier hat. Malaienbären, die wegen dem weißen Fleck auf ihrer Brust auch Sonnenbären genannt werden, sind ja auch noch besonders niedliche Vertreter ihrer Art: Sie haben eine herrlich lange Zunge, kleine runden Ohren und sind auch nicht so groß (Schulterhöhe 70 Zentimeter), dass man gleich einen Schreck bekommt. Dazu die weiße Schnauze und besagter Sonnenfleck – die muss man einfach gern haben, wenn man jemals mit einem Teddy gespielt hat.

Mutter »Tschita« also überraschte den Tierpark mit diesem sensationellen Baby, blind, nackt, hilflos, so süß und leicht wie drei Tafeln Schokolade. Tierfreunde waren aus dem Häuschen, Zoologen anderswo ganz neidisch. Wie hatten die Berliner, damals im sechsten Tierparkjahr immer noch Neulinge, das nur geschafft? Da konnte man sich etwas abschauen!

Der Tierpark war in Feierlaune, dann kam Pfingsten, sieben seelige Wochen waren ins Land gegangen. In den Feiertagen sahen wir einen Direktor Dathe, der es sich mit Fachartikeln zu Hause so richtig gemütlich gemacht hatte und langsam aber sicher glaubte, dass diese Feiertage doch noch vorbeigehen, ohne dass dieses bedrohliche Telefon unheilvoll klingelt. Dann klingelte es. Irgendwie lauter, irgendwie schriller als sonst. Unterlagen raschelten, Umschläge klappten zu, schnelle Schritte. »Dathe hier, was gibt's?«

Einen Notfall. Eine mittlere Katastrophe. Ein atemloser Pfleger feuerte Worte ab, die Dathe ins Herz trafen. Tschita hatte ihr Baby gepackt und gegen die Wand geschleudert! Mit letzter Not hatten die Pfleger es von der aufgebrachten Mutter trennen und in Sicherheit bringen können. Aber wie weiter? Mit der Aufzucht von kleinen Malaienbären ohne ihre Mutter gab es ja noch keinerlei Erfahrungen, der Tierpark betrat also absolutes Neuland.

Zwar hatte man schon 1956 Erfahrungen mit einem Schimpansenbaby sammeln können, das ebenfalls von seiner Mutter verstoßen worden war, doch ein Bär ist noch einmal etwas ganz anderes.

Für Dathe, den unverbesserlichen Menschenfreund, waren diese Mutter-Kind-Dramen übrigens Anlass, philosophische Überlegungen zum Unterschied zwischen Mensch und Tier anzustellen. Sein Fazit: Eine Menschenmutter würde niemals, einem plötzlichen Impuls folgend, einfach ihr Kind verstoßen, selbst, wenn es ihr noch so schlecht ginge. Da hatte der Tierexperte aber ausnahmsweise die Rechnung ohne die Menschen gemacht. Dathe sollte es nicht mehr erleben, dass er noch viel zu oft auf tragische Weise widerlegt wurde, besonders nach dem Ende der DDR häuften sich die Fälle von scheinbar grundlosen schrecklichen Kindstötungen. Nicht weit weg vom Tierpark zum Beispiel warf eine Mutter ihr Baby ins Flüsschen Wuhle, weil sie endlich wieder einmal ungestört tanzen gehen wollte! Das Kind ertrank. Andere Fälle von unglaublicher Verwahrlosung bis hin zur Tötung bestimmen bis heute immer wieder die Schlagzeilen. Dathe mit seiner behüteten Kindheit und seinen späteren Erfahrungen mit einem fast zwangsfürsorglichen Staat brachte nicht die Fantasie auf, sich so eine Entwicklung vorzustellen. Sie erschien ihm als Verhaltensforscher einfach nicht menschengerecht.

Man kann seine Haltung aber nachvollziehen, wenn man sieht, mit wie viel Enthusiasmus und unendlicher Geduld er sich der Aufgabe widmete, nun diesen kleinen Bären zu retten. Um wie viel mehr, so seine Schlussfolgerung, müsste dann eine menschliche Mutter ihr Kind lieben und für es sorgen. Naiv? Vielleicht auch das, mit Sicherheit aber Beleg für ein durch und durch positives Menschenbild.

Zurück aber zum kleinen Malaien, der ein Bild des Jammers bot. Schreiend vor Hunger, vielleicht aber auch wegen innerer Verletzungen, noch kaum Haare, die Haut an vielen Stellen zerschunden. Das sah nicht nach einer möglichen Erfolgsgeschichte aus, sondern eher nach dem traurigen Ende eines hoffnungsvollen Anfangs. Mit allem, was womöglich dazugehören würde: viele Vorwürfe von selbsternannten oder wirklichen Experten, ein gewaltiger Imageverlust. Dathe gab deshalb die Verantwortung nicht ab, sondern nahm die Möglichkeit des Scheiterns auf sich und machte Evis Pflege zur Chefsache.

So zog also noch am gleichen Tag ein unablässig schreiendes Bärenbaby in Dathes Haus ein. Ein Kistchen mit Heu war schnell besorgt, Dathes altes Heizkissen (ein Geschenk von Mitarbeitern) aus den Untiefen eines Schrankes geborgen, ein Leinentuch über das Heubett gepackt.

In der Tierküche wurde derweil nachgedacht, welcher Babybrei einem Bären wohl schmecken könnte, und eine ganze Batterie von unterschiedlichen Nuckeln für die Milchflasche wurde bereitgelegt.

Fütterung, die erste: Alles landete daneben, der kleine Bär warf mit seiner langen Zunge alles aus seinem Mund.

Fütterung, die zweite: Wieder behielt er die Nahrung nicht im Mund!

Fütterung, die dritte: Neuer Auftritt der Riesenzunge, die wie ein unermüdlicher Rauswerfer ihren schlecht gelaunten Dienst versah. Hatte die Entwicklungsgeschichte das Ding etwa für genau diesen Zweck optimiert? Das konnte doch nicht wahr sein!

Oder hatte die kleine Bärin vielleicht doch böse innere Verletzungen? Die Dathes nahmen das jammernde Bündel dann mit ins Bett, aber auch dort beruhigte sich Evi nicht. Dann machte es sich bezahlt, dass man in den sieben Wochen zuvor im Malaiengehege auch so genau auf Kleinigkeiten geachtet hatte. Die Zunge! Damit hatte Tschita doch immer wieder das Bäuchlein ihres Babys geleckt. Eine sanfte Massage, vielleicht half das ja?

Nun war Dathe jemand, der für seine Tiere wirklich alles tat, und er hätte mit Sicherheit auch nicht gezögert, wenn es ihm anatomisch nicht unmöglich gewesen wäre. So also kam keine Menschenzunge, sondern eine ganz sanfte Bürste zum Einsatz. Und dann klebte das Fläschchen auch schon förmlich am Bärenmündchen, ein behagliches Schlabbern, ein fröhliches Schlucken, 60 Gramm verputzt, der kleine Petz schlief danach tief und fest.

Was für eine Erleichterung! Als sich wenig später herausstellte, dass aus dem Bären nach komplizierten Umwandlungsprozessen auch wieder ein Teil von dem herauskam, was ihm so mühsam eingeflößt worden war, konnten sich endlich auch die Bäreneltern beruhigt schlafen legen. Aber nicht lange. Alle zwei bis drei Stunden gab es Anfälle von Bärenhunger, die böse Bärenmutti war für Evi offensichtlich völlig vergessen, sie akzeptierte ihre menschlichen Adoptiveltern voll und ganz.

Was dann begann, kann nur mit den bezaubernden Eskapaden von Knut dem Eisbären verglichen werden. Evi verzauberte alle Herzen, man konnte ihr einfach nicht böse sein, auch wenn es im ganzen Haus schepperte und krachte. Tischdecken? Sind zum Herunterziehen da! Schubladen? Zum Rausreißen! Dathes Socken? Kann ein Bärenbaby herrlich zerfetzen. Nichts war vor Evis Tatzen und Zähnen sicher, aber bei allem entstanden so drollige Bilder, dass alle Welt atemlos Evis Fortschritte verfolgte. Weil es eine Weltpremiere war, führte Dathe wie immer akribisch Protokoll. Erfahrungen mussten gespeichert, Lehren weitergegeben und das Publikum unterhalten werden. Das erste Vollbad – ein Traum in Schaum und braunem Fell, alle DDR-Kinder wünschten sich einen kleinen Bären als Haustier. Der erste zerkleinerte Apfel, Abenteuer mit einem Fußball – wer bei solchen Bildern brummig blieb, dem war einfach nicht mehr zu helfen.

Obwohl es für einen Tiergärtner keinen größeren Erfolg gibt, als einen Schützling irgendwann zu seinen Artgenossen entlassen zu können, war es doch ein trauriger Tag, als Evi groß genug war, um ins wunderschöne Bärengehege umzuziehen.

Solche Erlebnisse vergisst man nicht. Auch, wenn Dathe einmal Sorgen plagten, auch, wenn es wie in seinen letzten Wochen nicht viel Anlass für positive Gedanken gab – ein Blick auf Evi oder ein anderes Tier, mit dem ihn besonders viel verband, und die Freude war wieder da. Evi sollte ihren Ziehvater sogar um vier Jahre überleben. Dank der hingebungsvollen Pflege in ihrer Kindheit und den optimalen Haltungsbedingungen im Tierpark wurde sie 35 Jahre alt und damit der älteste Malaienbär der Welt. Nach ihr wurden im Tierpark noch 46 weitere Malaienbären geboren, auch das ein einzigartiger Erfolg.

Tiergeburten – da hält ein leidenschaftlicher Zoologe jedes Mal wieder den Atem an. Sie sind die Krönung seiner Arbeit, der eigentliche Sinn seines Berufs. Sie sind ein Gütesiegel für seine Einrichtung, das beste Argument gegen Kritiker und oft genug auch einfach nur eine Freude. Umso mehr, wenn die ganze Stadt mitfiebert und dann staunend vor den Gehegen steht – und am allermeisten, wenn Kinder atemlos das große Wunder bestaunen können. Dathe, der Pädagoge und Lebenslehrer: Mit Tierbabys wollte er die Menschenkinder faszinieren und für den Naturschutz begeistern. Aber was, wenn Kinder ewig auf die Bescherung warten müssen? So leicht, wie sie zu begeistern sind, so ungeduldig können sie ja auch werden. Dass sie ausgerechnet bei ihren Lieblingstieren erst einmal vor lauter Hinstarren und ewigem Warten ganz lange Hälse bekamen, das tat ihm richtig weh. Hatten sie doch, angespornt von der Kinderzeitschrift *Bummi*, so hingebungsvoll Geld für den Kauf eines Giraffenpärchens gesammelt. Groschen für Groschen vom Taschengeld abgezwackt, den Eltern abgeluchst, die Großeltern angebettelt. Giraffen – das war doch das Größte!

1960 kamen sie dann an, es war ein Triumphzug durch die damalige Stalinallee, in den Kitas und Schulen wurden fleißig Giraffen gemalt, Giraffenpapa, Giraffenmama, Giraffenkind, das war doch nur eine Frage der Zeit, das kommt doch bestimmt. Tja. Der Weihnachtsmann kam einmal, zweimal, dreimal, die vierten Sommerferien, der fünfte Winter, an den sechsten Osterhasen glaubte schon keines der *Bummi*-Kinder mehr, schon wieder Zeugnisse, sieben Jahre vergehen wie im Flug!

Für einen Tiergärtner dagegen können sie endlos lang werden. Freilich sollten sie niemals ungeduldig werden, die Natur lässt sich schließlich nicht drängen. Aber vielleicht kann man an den Haltungsbedingungen noch etwas verbessern. Oder am Futter. Oder hat sonst jemand eine gute Idee? Denn wer enttäuscht schon gern seine kleinen größten Fans?

Die Giraffeneltern in spe wurden also beim kleinsten Anschein einer größeren Liebeswallung wahlweise angefeuert oder diskret alleine gelassen, und dann, nach acht Jahren, lieber spät als nie, war es endlich doch so weit. Aus knapp zwei Metern Höhe plumpste ein Giraffenkind in den Tierpark-Kosmos. Für Dathe dramatische Momente nach all dem Warten. Und vielleicht Zeit für ein kurzes Stoßgebet. Er war zwar kein großer Kirchengänger, man sah ihn nur zu Weihnachten im Gottesdienst – dann aber inbrünstig – mitsingen, auch wenn seine Stimme seit seiner Jugend nicht viel besser geworden war, und jetzt dürfte sowieso nur Zeit für eine kurze Beistandsbitte zu den Schutzpatronen der Tiergärtnerei gewesen sein: Bitte, bitte, wer auch immer da draußen für sichere Giraffengeburten zuständig ist, jetzt wäre ein optimaler Moment für eine.

Denn die Gefahren, das wusste Dathe natürlich, sind vielfältig. Wer hoch steigt, der fällt tief, nirgendwo gilt das so sehr wie bei der Niederkunft einer Giraffe, sie bekommen ihren Nachwuchs nämlich im Stehen. Und leider kann nicht nur die Landung sehr unsanft sein, sondern auch die Hufe der Mutter, die manchmal nicht richtig mitbekommt, dass da auf der Erde plötzlich etwas ziemlich Kleines und sehr Lebendiges liegt, das auch noch sehr nahe mit ihr verwandt ist. Giraffenbabys werden, um es kurz zu sagen, auch in freier Wildbahn manchmal aus Versehen zertrampelt. Oder mit Absicht weggejagt. Dann ist es ausgesprochen schwierig, sie von Hand aufzuziehen. Nicht nur, weil man mit dem Fläschchen so schwer an ihren Mund kommt, sondern weil sie einfach sehr empfindlich sind.

Erleichtertes Aufatmen also, als das Giraffenkind nicht nur sicher gelandet war, sondern auch schnell auf seine schwankenden Stelzbeine kam und von der Mutter anstandslos gesäugt wurde. Das hätte etwas gegeben, wenn man den *Bummi*-Kindern nach so vielen Jahren kein Baby, sondern eine Tragödie präsentiert hätte. So nahm dieses Abenteuer aber ein glückliches Ende. Die kleine Giraffe bekam natürlich den Namen Bummi und wurde ein echter Besucherliebling.

Es sind solche Geschichten, die sich den Menschen einprägen und sie dazu veranlassen, immer wiederzukommen, um im Tierpark liebe alte Bekannte zu besuchen, teils sogar über Generationen hinweg, wie bei den langlebigen Elefanten. »Den kannte ich noch, als er ein Baby war«, hört man dann an den Gehegen Eltern zu ihren Kindern sagen, und dann erzählen sie, wie alles anfing. Dathe kannte sie alle, als sie noch Babies waren. Ihm erzählte jedes Tier eine ganz persönliche Geschichte. Und er erzählte sie weiter. Auch die kleinen Episoden, den ganz normalen Alltag. So sehr er es nämlich verstand, Spannung aufzubauen und die Berliner mit großem inszenatorischem Geschick an den spektakulären Erfolgen des Tierparks teilhaben zu lassen, so intensiv bemühte er sich auch, dabei immer wieder den Blick auf das »normale« Geschehen im Tierreich zu lenken. Die größte Wirkung erzielte er dabei mit einer Rundfunksendung, die zum absoluten Kult wurde – dem Dauerbrenner »Im Tierpark belauscht«.

Kapitel 7:
Im Tierpark belauscht

1 774 Sonntage: 1 774 kleine Abenteuer, überraschende Einsichten, neue Erkenntnisse; 1 774 Wissenshappen am Früh-
stückstisch, die immer noch Appetit auf mehr machten.
Die Radiosendung »Im Tierpark belauscht« mit Mode-
ratorin Karin Rohn war ein wöchentlicher Fixpunkt für
Tausende Familien. Punkt 8.30 Uhr hatten erst einmal alle
Familienmitglieder Funkstille und ließen Direktor Dathe
reden: über exotische Tiere und biologische Kuriositäten vor der eigenen Haustür, über Hörner und Geweihe,
Federn und Felle, über schwere Geburten und leichte
Beute, immer neu, jedes Mal spannend, Expeditionen mit
den Ohren, die den Verstand aufweckten. Ab 8.30 Uhr
wurde der Sonntag tierisch aufregend!

Dabei hatte es Dathe den Leuten vom Rundfunk nicht
leicht gemacht. Natürlich wollte er so eine Sendung, er
hatte sie ja selbst angeregt, aber er hatte auch ganz eigene
Vorstellungen davon. Keine albernen Mätzchen, keine
dünnen Witzchen, kein Rundfunk-Blabla, sondern eine
Sendung, in der das Tier im Mittelpunkt steht und nicht
die Eitelkeit der Programmmacher. In Karin Rohn als Mo-
deratorin fand er die ideale Partnerin, die sein Anliegen
verinnerlichte und konsequent umsetzte. Sie wurde darüber selbst zu einer ausgewiesenen Tierexpertin und in der
Bevölkerung unheimlich beliebt. Auch noch rund zwei
Jahrzehnte nach dem Tod Dathes, schon lange selbst in
Rente, lässt sie die Idee der Sendung weiterleben, ehren-

amtlich in Begegnungsstätten und Seniorenheimen, wo sie mit Vorträgen das Erbe Dathes hochhält.

Die junge Reporterin und der Tierparkdirektor: Sie wurden ein Gespann, das wunderbar harmonierte und dessen Vertrautheit dennoch niemals zu Tuscheleien führte, selbst als einige Reportagereisen sogar ins Ausland gingen. Dathe war dafür viel zu korrekt, ein anderer als dienstlicher Umgang undenkbar. Viele Männer mit einer vergleichbaren Popularität können sich daran nicht messen lassen. So aber blieb Dathe genau das, war er im Sinne seines Amtes sein wollte: eine unangreifbare Autorität und gleichzeitig ein höchst unterhaltsamer Plauderer. In den Sendungen zeigte er immer feinen Humor und heitere Ironie – man hörte ihm einfach gerne zu.

Lange hatte er über den besten Sendezeitpunkt gegrübelt. Nicht zu früh, aber auch nicht zu spät, denn vielleicht würden die Leute durch die Sendung ja Lust bekommen, noch am gleichen Tag in den Tierpark zu kommen. Und weil man in der DDR noch deutlich früher aufstand als heute, erwies sich 8.30 Uhr als goldrichtig.

So schalteten die Leute beim Morgenkaffee ihr Radio an und landeten mitten im prallen Leben. Dathe beantwortete dabei viele Fragen, die sich auch heute Tierparkbesucher immer wieder stellen. Frisst der Tiger jetzt gleich die Ente, die da so mutig in seinem Wassergraben paddelt? Wenn sie Pech hat, schon! Aber da gab es ja noch ganz andere Kuriositäten bei der Begegnung zwischen heimischen Tierarten, die den Park seit jeher bevölkerten, und den Neubewohnern aus aller Welt. Themen wie diesen »Clash of Cultures« liebte Dathe, denn wie so oft lenkten sie für ihn den Blick vom Exotischen zum alltäglichen Kreislauf der Natur, und deshalb widmete er ihnen viel Raum. Fasziniert hörten die Berliner davon, wie zum Beispiel die Marabus auf arglose Ureinwohner des Tierparks Jagd machten. Deren »Mordlust und Gefräßigkeit«, so Dathe, war so groß, dass man ständig versuchen musste, die Tiere pappsatt zu halten. Und trotzdem standen noch einheimische Tiere auf ihrem Speisezettel. Ein Exemplar, das auf den Spitznamen »Adenauer« hörte, ertränkte und fraß eine Ente. Ein anderer mordete eine arglose Gans. Nicht einmal eine Strafversetzung auf die Freianlage der Antilopen half. Dort machten sich die Tiere über kleine Vögel her. Jungamseln, Ringeltauben, wie es gerade kam. Man kann sich vorstellen, wie Vogelfreund Dathe gelitten hat. Dass seine geliebten Pelikane von den heimischen Enten nicht als Feinde erkannt wurden, hatte ebenfalls tragische Folgen. Und Mittelsäger lauerten am Ufer trinkenden Sperlingen auf, zerrten sie unter Wasser und verspeisten sie in einem Stück! Jagdszenen am Gehegerand, dokumentiert für staunende Zuhörer, die in Zukunft ihre Augen bestimmt weit offen halten würden. Auch bei den Zwergmeerkatzen und Tibetmakaken, die ebenfalls sehr geschickt waren, wenn es darum ging, frischen Sperling in den Napf zu bekommen.

Besser erging es da einem zahmen Eichhörnchen. Das ahnte, weil die Menschen, denen es sogar an den Kleidern hochlief, immer so nett zu ihm waren, nichts Böses, als es die Rhesusaffen besuchte, um von deren Futter zu naschen. Es verlor fast seinen Schwanz, kam aber mit dem Leben davon, anders als eine Ente, der niemand erzählt hatte, dass die kuscheligen Riesen mit dem weißen Fell keineswegs Vegetarier sind. Ihre erste und letzte Begegnung mit einem Eisbären endete tödlich. Am gemeinsten aber waren die Katzenbären. Bei ihrer Ankunft im Tierpark erwiesen sie sich als verwöhnte Feinschmecker, die alle möglichen Leckereien nicht interessierten. Auch kleine Mäuse und Spatzen konnten sie nicht verlocken, wohl aber eine Nachtigall, die sie in ihrem Gehege fingen. Ausgerechnet einer von Dathes absoluten Lieblingsvögeln!

Mord- und Totschlag sind natürlich packende Themen, da schaltet keiner weg, aber auch mit Beiträgen über das glatte Gegenteil, nämlich über tierisch fröhliche Zechgelage, hielt Dathe die Zuhörer bei Laune. Und bei seinen Lieblingen vergaß er sogar die Strenge, die ihn sonst beim Thema Alkohol begleitete. Vergnügt berichtete er von regelrechten Alkoholorgien in Schweineställen (vergorene Johannisbeeren und Kartoffeln waren der Stoff, aus dem feuerrote Schlappohren und schwankende Haxen wurden), ein besoffenes Eichhörnchen, das Schnapsbohnen genascht hatte und seinen Rausch in einem Menschenbett ausschlief, über Ameisen, die meilenweit für eine Alkoholquelle krabbeln und schließlich, welcher Kontrast zu dem Abstinenzler-Elefanten »Radjah«, über Dickhäuter, die den Rüssel nicht voll bekommen konnten von hochprozentigen Getränken. Beim Elefantenbullen »Omar« etwa sollte ein Alkohol-Cocktail eine aufziehende Erkältung kurieren. Den Monsterdrink hatte, man staune, Dathe persönlich gemixt, und er war mächtig stolz auf sein Gebräu, pries es als »köstlich duftenden heißen Rumpunsch«. Dathe meinte danach sogar, ein vergnügtes Glitzern in den Augen des Elefanten gesehen zu haben. Fürsorglich schickte er dann aber gleich eine Warnung hinterher: Bei afrikanischen Elefanten, die von vergorenen Beeren naschten, führe der Alkohol schnell zur Raserei! Im Zweifel also Hände und Rüssel weg von dem Zeug. Ja, solche Alltagstipps und Lebensweisheiten gab es in Fülle.

Die Zuhörer lernten, wie man sich einen Harem hält, wie sich Panther nach einem Ehekrach wieder vertragen, dass Löwen ertrinken können, wenn sich ihre Mähne mit Wasser vollsaugt, wie Stachelschweine unverletzt für Nachwuchs sorgen; sie erfuhren alles über Igelschutz und lernten immer wieder neue Tierarten und ihre Eigenarten kennen. Atemlos wurden sie aber auch Zeuge einer dramatischen Rettungsaktion, die dem wohligen Gruseln beim nächsten Besuch des Schlangenhauses noch eine bedrohliche Note hinzufügen sollte.

Es war, wie immer in solchen Fällen, kurz vor Dienstschluss oder auch schon danach, Freitagnachmittag, wenn das Wochenende naht und die Wahrscheinlichkeit minütlich wächst, dass gleich etwas passiert, was man überhaupt nicht gebrauchen kann.

In diesem Fall war es ein Anruf aus Prag, der Dathe noch an seinem Arbeitsplatz erreichte, den er gerade in seine häusliche Studierstube verlegen wollte. Die wenigen Worte aber elektrisierten ihn: Eine Kettenviper hatte einen Prager Kollegen gebissen – und ein Gegenserum war nicht zur Hand. Das Gift ist extrem wirksam, in ihrer Heimat Südostasien gilt sie als die gefährlichste Giftschlange überhaupt, noch heute zählt man rund 900 Todesfälle im Jahr. Eine Giftmenge von 40 bis 70 Milligramm gilt als für Menschen tödlich. Mit ihren ausklappbaren Giftzähnen kann die Kettenviper aber auch leicht das Doppelte injizieren, und dann entfalten die Proteine in ihrem Gift, die die menschliche Blutgerinnung unterdrücken, sehr schnell ihre tödliche Wirkung. Die Opfer sterben an Gehirnblutungen oder Nierenversagen.

Bei einem früheren Besuch hatte Dathe sich schon sehr über den seiner Meinung nach sorglosen Umgang des Prager Kollegen mit Giftschlangen gewundert, und jetzt war es also tatsächlich passiert!

Im Tierpark war man da viel vorsichtiger. Und für den Fall der Fälle natürlich auch vorausschauend. Selbstverständlich hatte man eine große Sammlung aller erforderlichen Gegengifte im Kühlschrank.

Es war einer der ganz seltenen Momente, in denen man Dathe rennen sah, denn sonst zwang er sich auch in noch so hektischen Situationen zumindest äußerlich zur Ruhe.

Diese sollte sich möglichst auf die Mitarbeiter und die Tiere übertragen. Aber jetzt ging es womöglich um Sekunden. Im Laufen gab er die Order, sofort die Fahrbereitschaft zu alarmieren, Treffpunkt Schlangenfarm. Dort wurden die Antiseren aufbewahrt. Gleichzeitig wurde hektisch telefoniert: Wann ging der nächste Flug nach Prag, wohin genau musste das Gegenserum geliefert werden und wo blieb eigentlich die Fahrbereitschaft? Alle Fahrzeuge unterwegs, das konnte doch nicht wahr sein, und Handys oder Funkgeräte gab es ja nicht! Also wurde sofort die Polizei alarmiert, ein Streifenwagen raste zum Tierpark. 20 Minuten nach der Alarmierung war das Gegengift dann auf dem Weg zum Flughafen, wo der nächste Flieger nach Prag schon bereitstand und sofort abhob. Gerade noch rechtzeitig! Ein Telegramm aus Prag brachte mit »herzinnigstem Dank« des Geretteten die Gewissheit, dass alles noch einmal ein gutes Ende genommen hatte. »Das Tierparkkollektiv«, notierte Dathe tief befriedigt, »hatte sich wieder einmal bewährt.« Aber man kann sich vorstellen, dass er den Anlass nutzte, um gleich die eigenen Sicherheitsvorkehrungen noch einmal mit Argusaugen zu kontrollieren. Denn was er aus Prag noch erfuhr, ließ ihn beinahe an seinem Verstand zweifeln: Schon zwei Tage zuvor war eine Kollegin des späteren Giftopfers von einer Kettenviper gebissen worden, das Prager Antiserum war für ihre Behandlung aufgebraucht worden. Nicht auszudenken, wenn es so eine Schlamperei im Tierpark gegeben hätte. Dathe wäre giftiger als jede Schlange geworden!

Auch im Tierpark gab es manchen Schlendrian, wenngleich von viel harmloserer Natur. Über eine verrückte Episode musste dann sogar Dathe lachen, und gerne ließ er seine Zuhörer daran teilhaben.

Selbstverständlich ging es wieder auf die Feiertage zu, Weihnachten 1956, der Tierpark sorgte mit Ponys dafür, dass die Kinder auf dem Weihnachtsmarkt in Berlin-Mitte Streicheleinheiten verschenken und reiten durften. Einem Pony wurde das alles zu viel, ein junger Tierpfleger sollte ein weiteres Tier zum Markt bringen und das andere abholen. Der junge Pfleger hatte eigentlich schon Feierabend, außerdem war gerade Lohntag, so reimte Dathe sich das jedenfalls hinterher zusammen. Köstlich formulierte er, dass der junge Mann sich wohl einen gestattet hatte, der es ihm »nach erfolgter Inhalation geraten sein ließ, diesem einen weiteren folgen zu lassen«. Dathe hatte Witz, kein Wunder, dass die Leute ihm so gerne zuhörten und seine verschmitzten Episoden auch in gedruckter Form genossen. Jedenfalls, so Dathe weiter, »fand sich Gläschen zu Gläschen«, und natürlich war der junge Mann nicht allein, sondern befand sich in Gesellschaft weiterer Tierpfleger, die sich wie er hingebungsvoll der Aufzucht und Hege des anderntagigen Katers widmeten. Das waren sie ihrer Berufsehre offenbar schuldig. Kurz und gut, gegen 16 Uhr hatten alle gehörig einen sitzen, und die Lust auf einen schwankenden Marsch in Richtung Innenstadt sank gegen Null. Aber da war ja noch das Pony und Dathes klare Anweisung. Ein älterer Pfleger hatte schließlich die glorreiche Idee, die U-Bahn zu benutzen. Im Alkoholdunst erdacht und dann tatsächlich gemacht. So sah man dann drei Gestalten zum U-Bahnhof Friedrichsfelde zockeln, zwei schwankende Pfleger und ein Pony auf dem Weg in ein ungewisses Abenteuer.

Eine Polizeistreife sah das Trio noch die 26 Stufen zum Bahnsteig hinunterklappern, aber vom Tierpark war man ja einiges gewohnt, das würde schon seine Richtigkeit haben. Unten an der Sperre saß dann eine Schaffnerin, die ebenfalls nicht so leicht zu erschüttern war. Wenn die Herren vom Tierpark kamen, war ja wohl alles in Ordnung. Aber ohne Fahrschein ging natürlich nichts. Pragmatisch schlug sie den Kauf einer Hundefahrkarte vor, da für Pferde keine gesonderten Billets existierten. Zur Sicherheit fragte sie aber noch in der Zentrale nach, ob damit alles seine tarifliche Richtigkeit habe. Die Antwort hatte viel mit dem Thema Betriebssicherheit zu tun: Das Trio durfte natürlich nicht einsteigen. Ein Glück, denn was wäre wohl passiert, wenn das Pony in der ungewohnten Umgebung und durch das Ruckeln panisch geworden wäre. Das Trio verließ also den Bahnhof – und versuchte sein Glück dann unverdrossen bei der S-Bahn am Bahnhof Lichtenberg. Aber auch dort bissen sie auf Granit. Aufgeben? Da gab es doch noch die Tram! Echt zum Wiehern, diese Odyssee – zu Fuß wären sie schon längst da gewesen. Denn natürlich führte auch kein Weg in die Tram, da half kein Lallen und kein Nuscheln, und mit dem Bus als allerletzte Faulenzer-Alternative haben sie es dann gar nicht erst versucht, sondern zockelten schließlich im Promille-Galopp zu Fuß in Richtung Mitte.

Dathe hätte von dieser abstrusen Expedition nichts mitbekommen, allerdings gab es am nächsten Tag dann doch recht seltsame Anrufe von den Verkehrsbetrieben, die wissen wollten, ob denn in Zukunft öfter mit solch ungewöhnlichen Transportanliegen zu rechnen sei und wie man damit verfahren wolle. Als die beiden Pony-Helden es auch noch wagten, sich an der Hauptkasse die Kosten für die Hundefahrkarte erstatten zu lassen, hatte Dathe alle Fakten beieinander, die er dann gerne seinem Publikum weitergab. Ohne Öffentlichkeit fand allerdings das Gespräch mit den beiden Delinquenten statt. Die zwei Schnapsdrosseln bekamen vom Chef tüchtig einen eingeschenkt.

Woche für Woche ging das so, die schönsten Episoden erschienen auch als Buch oder wurden von Dathe in den Tierparkmatinees im Friedrichstadtpalast erzählt, und auch eine Fernsehsendung gab es, den »Tierparkteletreff«, der über 300 Mal ausgestrahlt wurde. Dazu kamen noch unzählige Zeitungsartikel. Dathe war so populär, dass es den Mächtigen im Land beinahe unheimlich wurde. Schon in der Frühphase des Tierparks war Oberbürgermeister Ebert sauer darüber, dass ein Tiergärtner Dathe öfter in der Zeitung war als er selbst. Der Politiker ließ die Presse deshalb wissen, dass dieses Missverhältnis ein Ende haben müsse – und bewirkte damit das genaue Gegenteil. Dann wurde auch der SED-Bezirksleitung die Popularität Dathes unangenehm, aber da war das Tierpark-Projekt schon zu einem Selbstläufer und Dathe praktisch unangreifbar geworden. Um die Eitelkeit der Herren aber nicht zu sehr anzukratzen, besann sich Dathe auf seine Studien des tierischen Imponiergehabes. Wenn die Herrschaften sich unbedingt als Platzhirsche fühlen wollten, bitte schön, damit konnte er dienen und ihnen eine Bühne für ihre Selbstdarstellung bieten. So kam es, dass der Bürgermeister bei künftigen Tierparkbesuchen wie zufällig von Kindergruppen erkannt und jubelnd begrüßt wurde, natürlich entstanden dabei dann auch nette Fotos, die ihren Weg in den *Wegweiser durch den Tierpark* fanden. Wer will, kann Dathe deshalb Opportunismus vorwerfen – und macht es sich damit natürlich sehr einfach. Denn auch heute wird ja kein Bändchen durchgeschnitten, keine Ausstellung eröffnet, kein Erfolg gefeiert, ohne dass ein Regierender mitlächelt und alle sehr geehrt und hocherfreut über sein Kommen sind. Wenn Dathe wollte, dass der Tierpark wuchs, dann musste er auch das Ego der Geldgeber streicheln. »Dem Kaiser, was des Kaisers ist«, seufzte Dathe dazu, und: »Die Welt will betrogen werden.« So sehr er diese traurige Notwendigkeit einsah, ließ er sich doch nur bis zu einem gewissen Grad auf diese Spielchen ein. Als das *Neue Deutschland* einmal einen Artikel von ihm erst

in wesentlichen inhaltlichen Bereichen kürzte und dann
mit Politformeln aufblähte, lieferte er jahrelang keine Beiträge mehr. Ähnlich ging es allerdings auch Zeitungen aus
dem Westen, wenn sie den Tierpark aus politischen Gründen herunterschrieben. Dathe, der sonst immer gerne über
sein Baby sprach, stand dann als Gesprächspartner nicht
mehr zur Verfügung.

Im Tierpark belauscht – ein wenig klingt das im Nach-
gang auch nach einem möglichen Stasi-Szenario, und in
einem Fall gab es auch tatsächlich eine Untersuchung. Als
ein Pfleger in einem Tiertransport in den Westen flüch-
tete, witterte der Geheimdienst sogleich eine größere Ver-
schwörung und strengte eine umfassende Untersuchung
an. Mitwisser, Hintermänner, Helfershelfer – das ganze
Programm. Solche Schnüffelei aber war Dathe zutiefst
zuwider, diese Leute waren ihm so willkommen wie eine
ansteckende Tierseuche. Schnell machte er ihnen klar, dass
es sich nur um die Tat eines Einzelnen handeln könne,
obwohl ihm klar war, dass man sich nicht allein in eine
Kiste setzen und diese von außen zunageln kann. Die Untersuchung verlief jedenfalls schnell im Sande, im Tierpark
konnte die Stasi nichts erlauschen.

Kapitel 8:
Wie die Arche Noah sich füllte

400 Tiere in 90 Arten, so fing es am 2. Juli 1955 an. Auf
60 Hektar brachte es die neu eröffnete Anlage – ziemlich
groß, aber ein Gärtchen, verglichen mit den 160 Hektar,
die es noch werden sollten. Hauptsächlich waren es Huf-
tiere wie Kamele, Zebras, Ziegen und Wisente, viele
Vögel waren dabei, aber es gab auch schon die ersten zwei
Elefanten und Löwen. Viele Tiere waren noch in provisorischen Anlagen untergebracht; es gab keine richtigen
Futterküchen, keine beheizbaren Tierhäuser, es gab in
der Hauptsache guten Willen und viele Pläne und immer
wieder freiwillige Einsätze, um den Tierpark größer und
schöner zu machen. Fertig waren nur zwei Hirschhäuser,
ein Wildschweinhaus, zwei Stelzvogelhäuschen und ein
Teil des Kindertierparks, wo ein Albino-Äffchen namens
Will der große Star war.

Wie schnell dann aber Fortschritte gemacht wurden, ist
erstaunlich. Dass nach den ersten stürmischen Aufbaujah-
ren nicht etwa Stillstand eintrat, sondern kontinuierlich
weiter aufgebaut wurde, ist der eigentliche Erfolg Dathes.
Denn was wurde nicht schon alles mit großem Elan begonnen und schlief dann nach Abklingen der ersten Euphorie
wieder ein. Dathe erkannte diese Gefahr von Anfang an
und dachte deshalb bei jeder Unternehmung auch gleich
an den nächsten Schritt. Denn schon ein kurzer Stillstand
konnte leicht zum Dauerzustand werden, da kannte er die
Menschen nur zu gut. Und weil er auch wusste, wie ermü-

dend für manche ein langer Weg sein kann, lenkte er den Blick auch immer wieder auf großartige Zwischenziele, um die Verantwortlichen von den Mühen des eingeschlagenen Pfades abzulenken und bei ihnen neue Energien für die Verwirklichung seiner Visionen freizusetzen. 1963 zum Beispiel, bei der Eröffnung des Alfred-Brehm-Hauses, da sehen wir ihn wieder mit Reporterin Karin Rohn auf dem Dach stehen. Es erinnerte an die Szene auf dem Balkon des morschen Schlosses, als Dathe ihr 1954 seine erste Vision vom neuen Tierpark schilderte. Und auch jetzt klang er wieder wie ein Fantast. Aber dieses Mal glaubte sie ihm jedes Wort. »Dort hinten«, sagte er und wies in Richtung der Schutthügel, die das Tierpark-Gelände begrenzten, »das wird einmal die Anlage für Gebirgstiere.« Er schwärmte vom wunderbaren Ausblick dorthin, von der Größe und Vielfalt der Anlage, und er sollte wieder Recht behalten, auch wenn es noch lange dauern sollte. Erst nach seinem Tod wurde dieses Projekt beendet. Doch das machte nichts, denn in vielen Dingen sollte er weit über seine eigene Zeit hinaus planen. Wichtig war ihm nur, dass es immer weiterging, dass die Verantwortung für die Tiere sich nicht am Geschaffenen erschöpfte, sondern ein ständiger Antrieb für die Zukunft war. Bei den Gebirgstieren sollten es seine Nachfolger so realisieren, wie er es sich gewünscht hatte. Ein großartiger Einklang zwischen den Tieren, der Landschaft und den Pflanzen aus der Heimat der Tiere. Ein Großprojekt, schon früh zu Ende gedacht und dann Schritt für Schritt verwirklicht. Aus acht Millionen Tonnen Gebäudeschutt aus dem Zweiten Weltkrieg wurde so ein blühendes Hügelpanorama mit 20 000 Ziersträuchern, 3 000 Wasser- und Staudenpflanzen. Erst im Jahr 2003 war alles fertig, was 40 Jahre zuvor von Dathe ersonnen und zielstrebig verfolgt worden war. Planungsrekord! Am Anfang musste allerdings vieles deutlich schneller gehen, denn ohne rasche Erfolge wäre das ganze Projekt vielleicht vorzeitig abgebrochen worden.

Dathe schoss also manchmal auch aus der Hüfte, und er ergriff jede Gelegenheit beim Schopf. Provisorien waren schließlich dafür da, dass man irgendwann eine perfekte Lösung fand. Provisorien waren Antrieb und ein Wechsel auf die Zukunft. So ging der Aufbau stürmisch vonstatten.

Schon 1956 wurde das Antilopenhaus eröffnet; in diesem Bereich sollte der Tierpark später herausragende Arbeit leisten. Bei den Oryxantilopen, wegen ihrer wunderschönen Hörner in ihrer arabischen Heimat so gut wie ausgerottet, beteiligte er sich erfolgreich an internationalen Auswilderungsprogrammen und leistete so einen wesentlichen Beitrag zum Überleben der Tiere in freier Wildbahn. Auch hier ging mit der schnellen Umsetzung ein langfristiger Plan einher, der nachhaltigen Erfolg hatte. Im selben Jahr zogen außerdem noch zwei Schimpansen ins Schloss ein, aus Moskau kam Tiger »Pascha« in Berlin an, der gemeinsam mit den Löwen, die bis dahin ebenfalls im Schloss ihre standesgemäße Residenz hatten, in eine Anlage neben dem Schlosseingang umzog. Das war natürlich auch wieder ein Provisorium. Auf Dauer vorzeigbar war dagegen die Schlangenfarm, die zur selben Zeit eröffnet wurde. Vor staunendem Publikum wurde dort den Tieren für wissenschaftliche und medizinische Zwecke gelegentlich das Gift abgezapft. Die Berliner verliebten sich im Lauf der Jahrzehnte regelrecht in ihre Reptilien. Als das renovierungsbedürftige Schlangenhaus deshalb in den 90er Jahren ganz geschlossen werden sollte und ein Umzug der Tiere in den Zoo drohte, stellte sich eine mächtige Bürgerinitiative diesen Plänen entgegen. Die Leute waren so giftig auf die Verantwortlichen, dass die es sich anders überlegten.

Ein optischer Höhepunkt im Jahr 1956 war die Eröffnung des Lenné-Tempels. Der kleine Hügel mit dem entzückenden Bau ist heute noch ein beliebtes Fotomotiv, viele junge Paare kamen sich dort über die Jahrzehnte sehr nahe.

1957 eröffnete schließlich die gewaltige Eisbärenanlage, bald schwammen im gewaltigen Wasserbecken auch künstliche Eisschollen aus Plaste. Außerdem zogen Wölfe im Tierpark ein, die sich in ihrem großen Waldgehege sofort wohlfühlten. Nur die Besucher waren nicht immer glücklich: Die ganze Anlage war so groß und wild bewachsen, dass man manchmal keinen einzigen Wolf sah. Den Tieren gefiel das anscheinend umso besser. Schon bald sollten sie sich selbst Höhlen graben und dort Nachwuchs zur Welt bringen. Viel Platz gab es auch für die Kängurus. Auf einer 80 Meter langen Hüpfbahn konnten sie sich austoben. Wisente und Bisons brauchten nicht neidisch zu sein; sie zogen gleichzeitig in ihre je 5000 Quadratmeter großen Gehege ein. Besonders die Bisons unter den 400-jährigen Eichen boten ein urzeitliches Bild, das auf den ersten Blick das ganze Konzept eines Landschaftszoos erklärte. Noch spektakulärer gelang dieser Anschauungsunterricht mit der Bärenschlucht, deren Eröffnung ebenfalls 1957 gefeiert wurde. Eine Brücke überspannte damals noch die Schlucht, und bei der Eröffnung sah man Dathe dort stehen und das Lächeln gar nicht mehr aus seinem Gesicht verschwinden. Wie der leibhaftige Kapitän der Arche Noah stand er dort oben und schien die Häupter seiner Lieben zu zählen. Er wusste ja, dass da immer noch viel Platz war. Also nichts wie rein in den Tierpark mit den Zwergziegen und Waschbären, die mit dem nächsten Transport eintrafen. Zunächst aber gab es noch etwas zu feiern: die erste Wisentgeburt – kurz nachdem die Tiere ihre neue Anlage in Besitz genommen hatten. Das fing gut an, und tatsächlich sollten es über

100 Kälbchen werden, die im Tierpark auf die Welt kamen. Dann kam ein Tier in Berlin an, das alle anderen überleben sollte: China-Alligator »Mao«. Schon bei seinem Eintreffen wusste man nicht, wie alt er war – dann erlebte er den Mauerfall, das neue Millennium, den Euro und den 50. Geburtstag des Tierparks. Mao hat zwar einige Zähne verloren, aber es sind immer noch genug übrig; er döst vielleicht noch ein wenig lieber als früher im warmen Sand oder Wasser, doch das konnte er von Anfang an ziemlich gut. Dathe hatte das Tier persönlich bei seiner Ankunft gewogen und vermessen, Auge in Auge mit dem Alligator, den er noch so oft betrachten sollte und der – wie er selbst – zum Urgestein des Tierparks wurde.

1958 eröffneten das Bärenschaufenster, die große Futterküche und endlich auch eine Tierklinik. Die Erforschung tierischer Krankheiten sollte der Schwerpunkt des Instituts für Wirbeltierforschung werden, dem Dathe vorstand – auch auf diesem Feld sollte ihm so schnell keiner das Wasser reichen. Tierärzte, die sich auf diesem Gebiet den meisten Zoologen meilenweit überlegen fühlen, wurden da manchmal sehr schnell kleinlaut. Dathes Ehrendoktortitel (1970) und der zweite ordentliche Doktortitel (1972), den er an der Biowissenschaftlichen Fakultät der Humboldt-Universität erwarb, wo er auch als Professor an der Veterinärmedizinischen Fakultät lehrte, sprechen eine deutliche Sprache.

Aber es gab 1958 noch mehr Höhepunkte. Der Besuch von Pandabärin »Chi-Chi« war die Sensation in Berlin, und als dann auch noch das Elefantenbaby »Kosko« eintraf, kannte die Begeisterung für den Tierpark keine Grenzen mehr. Jeden Tag volles Haus. Daneben ging das Eintreffen der Przewalskipferde fast unter, obwohl der Tierpark für diese Art Außerordentliches leistete. In ihrer mongolischen Heimat waren die Tiere bereits ausgerottet, nur wenige Exemplare hatten in Zoos überlebt. Zählungen nach dem Krieg kamen auf ganze 40 Tiere. Heute gibt es wieder erste wilde Herden in den menschenleeren Steppen des fernen Ostens – auch ein Erfolg des Zuchtprogramms des Tierparks, der sich an Auswilderungsprojekten beteiligt. Das funktioniert natürlich nur bei sehr naturnahen Haltungsbedingungen, aber damit konnte der Tierpark mit seinen gewaltigen Flächen von Anfang an dienen. Und dann kamen da noch ganz seltsame Tiere an, die in Europa kaum ein Mensch zuvor gesehen hatte: vietnamesische Hängebauchschweine. Ein Volltreffer beim Publikum; die Tiere traten von Berlin aus einen grunzenden Siegeszug durch Europas Tiergärten an. Heute leben sie mitunter sogar als Haustiere fröhlich in deutschen Kleingärten. Dathe hatte wieder mit sicherem Gespür genau das gefunden, was die Menschen wollten – noch bevor sie überhaupt eine Ahnung davon hatten.

1959 bekam der in seinen angestammten deutschen Brutgebieten vom Aussterben bedrohte Uhu einen Platz im Tierpark. Heute haben sich die Bestände zum Glück wieder etwas erholt, in immer mehr Gebieten feiert man die Rückkehr dieses großartigen Nachtjägers. Das ist auch ein Erfolg der vielen Eulenschutzprogramme, die der Tierpark im Laufe der Zeit aufgelegt hat. Wer dazu den Anstoß gab, ist klar: Vogelfreund Dathe, der insbesondere die Jugendgruppe des Tierparks dafür begeisterte. Darüber hinaus halfen die Aufzuchtprogramme des Tierparks für gefährdete heimische Vogelarten. Noch in seinem letzten Rechenschaftsbericht für das Jahr 1989 konnte Dathe schreiben, dass zwei Schleiereulen, sechs Waldkäuze, zwei Seeadler, ein Fischadler und 28 Turmfalken im Tierpark hochgepäppelt und ausgewildert wurden. Außerdem ging ein Bartgeier zur Auswilderung nach Österreich. Dazu kamen vier Wanderfalken – damals ebenfalls akut vom

Aussterben bedroht –, die ausgebrütet, aufgezogen und später ausgesetzt wurden. Heute brütet ein Wanderfalke sogar wieder auf dem Turm des Roten Rathauses in Berlin. Ähnlich erfolgreich ist die Geschichte des Schreiadlers: Vier Tiere wurden hier erfolgreich ausgewildert – und das alles in nur einem Jahr! Solche Aktivitäten liefen von der Öffentlichkeit meist unbemerkt, sie zeigen aber, wie wichtig es ist, dass der Tierpark sich auch eingehend mit der Lebensweise heimischer Tiere beschäftigt, um diese effektiv schützen zu können. Was das Publikum sieht, ist nur ein eingesperrter Uhu. Und schon damals gab es besorgte Anfragen von Tierschützern, ob das denn wirklich sein müsse. Dathe beantwortete solche Fragen stets sehr geduldig.

Sauer wurde er in seinen späten Jahren, wenn von Leuten, die es seiner Meinung nach besser wissen müssten, Kampagnen gegen die Tierhaltung überhaupt gestartet wurden. Selbsternannte Öko-Aktivisten ohne echte Fachkenntnis waren ihm nicht nur suspekt, sondern »schier unerträglich«. Dathe stellte sich dem Kampf: »Wir haben die Pflicht, wenn freilich auch die sehr undankbare Aufgabe, Eiferer des Tier- und Pflanzenschutzes in ihre Grenzen zu weisen. Denn sie greifen massiv die Tiergärten an, ohne sich darüber im Klaren zu sein, dass für nicht wenige Arten gerade diese Einrichtungen die letzten Inseln ihrer Existenz sind. Mit unseligen Aktivitäten, die oft genug aus Eitelkeit und Selbstgefälligkeit gestartet werden, schaden sie den Tieren mehr als sie nützen. Sie erschweren den Tiergärten die Arbeit, ein richtiges Mensch-Tier-Verhältnis zu finden, indem sie das Umfeld vergiften und manchen Tierfreund verlocken, den sachlichen Argumenten, die ihnen aus Tiergärten zugeleitet werden, nicht zu glauben oder ihnen zu misstrauen. Lautstark vorgebrachte Texte sind aber auch dann nicht richtig, wenn sie wissenschaftlich verbrämt sind, obschon sie völlig unbewiesen sind. Es gibt keine

Tierart, die durch Zoos ausgerottet worden wäre. Es gibt aber schon eine ganze Anzahl, die durch tiergärtnerische Einrichtungen vor dem Aussterben gerettet wurden. Und bald werden es noch mehr sein.«

Seine Nachfolger haben es nicht leichter als Dathe, der Druck durch alarmistische Medien und auf spektakuläre öffentliche Aktionen zielende Verbände (damit kann man die Spendenfreudigkeit wunderbar ankurbeln) wurde sogar immer größer. Es mag ein Trost für Dathes Nachfolger sein, dass selbst er damit seine liebe Not hatte. Und vielleicht hilft es ihnen, wenn sie auf die Schützenhilfe dieses legendären Zoologen zurückgreifen.

1959 also zog der Uhu ein, mit ihm kam ein Riesenseeadler, viele weitere Eulen und Greifvögel sollten folgen. Jetzt aber kamen erst einmal Präriehunde, und die gefielen nun wirklich allen. Putzige Nager, die sich sichtlich wohlfühlten. Mit gutem Grund: In ihrer natürlichen Heimat leben sie in unerträglicher Enge zusammen, in Texas gab es einmal eine unterirdische Kolonie mit 400 Millionen Bewohnern! In den natürlichen Präriehund-Städten kann es so eng werden, dass die Weibchen den Nachwuchs fremder Artgenossen einfach umbringen – ein unter Säugetieren höchst ungewöhnliches Verhalten. Da ging es den Murmeltier-Verwandten im Tierpark besser, sie hatten genug Platz und keine Feinde, die sie auffressen oder, was in den USA massenhaft passierte, einfach vergiften. Bei geschätzten fünf Milliarden Tieren, die den Kontinent bevölkerten, wussten sich die Farmer nicht anders zu helfen. Inzwischen sind die Präriehunde nicht mehr am Kindertierpark, sondern in der Nähe des Alfred-Brehm-Hauses untergebracht; auch dort haben sie eine sehr schöne Anlage.

Zeitgleich mit den Präriehunden zog ein Stachelschwein-Pärchen im Tierpark ein. Und damit wurden die ohnehin schon zahlreichen Spielarten tierischer Sexualität um eine heikle Praxis bereichert. Sie klappt ihren stacheligen Hintern hoch, damit er seine empfindlichsten Teile unversehrt benutzen kann. Das Sexleben der Stachelschweine ist so kompliziert und gefährlich, dass man sich nicht darüber wundert, dass sie zu den wenigen Säugetieren gehören, die in schönster Monogamie leben und ihren partnerschaftlichen Pflichten nur zum Zwecke der Zeugung nachkommen.

1960 wurde das provisorische Giraffenhaus fertig, gerade rechtzeitig, damit das Giraffenpaar einziehen konnte, für das die kleinen *Bummi*-Leser so hingebungsvoll gespart hatten. Auf ihren Spendenzügen durch die Stadt wurden die Jüngsten manchmal von einem Esel begleitet, der ein Transparent an seinen Flanken hatte. Aufschrift: »Nur ich spende nicht für den Tierpark.« Deutlicher sagte man so etwas früher nicht, aber das reichte auch schon, um den Geldbeutel zu lockern. Freudig begrüßt wurden neben den Giraffen auch Orang-Utans und ein Schuhschnabel. Der Schuhschnabel ist ein ideales Zootier: Auch in freier Wildbahn steht er am liebsten nur träge in der Gegend herum, fliegen kann er, lässt es aber lieber bleiben, und wenn er sich dann doch ruckartig bewegt, um einen Fisch zu fangen, hat er alle Flügel voll zu tun, damit ihn das Übergewicht seines gigantischen Schnabels nicht aus dem Gleichgewicht bringt. Nach erfolgtem Zustoßen zuckt er deshalb ruckartig zurück und fängt sich gerade noch mit den Flügelspitzen ab. Das ist sehr kurios, und außerdem sieht der Schnabel dieses afrikanischen Vogels einfach zu lustig aus. Wer einmal einen Schuhschnabel gesehen hat, der weiß, was ein echtes Großmaul ist.

1961 gelangen die ersten spektakulären Zuchterfolge im Tierpark. Pelikan »Methusalem« schlüpfte und Malaienbärin »Evi« wurde geboren – beides seltene Ereignisse in Zoos und deutsche Erstzuchten. Jetzt wurden auch andere

Zoos in Deutschland hellhörig. Denn bei der Zucht seltener Arten geht es nicht nur ums Prestige; die Einrichtungen machen sich vielmehr die ganze Mühe, weil solche Ereignisse so bedrohlich selten sind und es auf keinen Fall bleiben sollen. Dass seltener Nachwuchs natürlich ein Gütesiegel für einen Tierpark ist, führt zu einem durchaus erfreulichen Wettbewerb darum, wer öfter mit derartigen Leistungen glänzen kann. Jetzt stand also auch der Tierpark mit im Ring, und er sollte ein echter Champion werden. Zum Wohl der Tiere, versteht sich, denn alle Erfolge und besonders der Weg dahin wurden genau dokumentiert und für Kollegen auf der ganzen Welt in Fachzeitschriften veröffentlicht. Der Tierpark startete also durch – viel zu staunen gab es deshalb auch für den ersten Menschen im Weltall, den Kosmonauten Juri Gagarin, der kurz nach seiner Erdumrundung der bedeutendste Ehrengast im Tierpark war. Weil endlich das Heizwerk des Tierparks fertiggestellt wurde (es ist heute, wenn auch rundum erneuert, immer noch in Betrieb), konnte man nun auch daran denken, mehr wärmeliebende Arten anzuschaffen. Zunächst aber kamen noch Luchse und afrikanische Wildesel in Berlin an.

1962 wurde das mittlerweile recht vielstimmige Tierpark-Orchester aus Knurrern und Brummern, Brüllern und Schnurrern um interessante Vokalakrobaten bereichert: singende Affen! Schopfgibbons stimmen nämlich, am liebsten am frühen Morgen, Gesangsduette an; jetzt konnte man sie auch im Tierpark hören. Endlich fertig wurde auch das erste Lamahaus, aber verglichen mit dem spektakulären Großprojekt, das im nächsten Jahr nach vierjähriger Bauzeit eröffnet werden sollte, war das eher eine lahme Veranstaltung.

1963 war der absolute Höhepunkt und Abschluss der Aufbauphase: die Eröffnung des Alfred-Brehm-Hauses, für dessen Bau noch einmal gewaltige Energien freigesetzt worden waren. Wieder griffen die Freiwilligen zur Schippe, wieder wurde Sonntag für Sonntag geschuftet, aber dieses Mal wussten alle wofür. Sie standen ja schon im Paradies, und jetzt sollte es noch schöner werden und sich einen Platz an der Weltspitze der Tiergärten erobern. Das Alfred-Brehm-Haus – das größte Tierhaus der Welt, die Verwirklichung des Traums, den Dathe in seinem Schulaufsatz beschrieben hatte. Es war der Beginn vom Ende der Provisorien, nicht nur gewaltig groß, sondern auch auf dem technisch neuesten Stand der Tiergärtnerei. Leipzig, wo Dathe sein Handwerk gelernt hatte und das bis dahin führend in der Löwenzucht war, würde Augen machen und die Ohren anlegen, denn auch die Akustik in dem neuen Haus war sensationell. Die wellenförmige Deckenkonstruktion, die an windumspieltes Savannengras erinnert, sorgte für ehrfurchtgebietende Effekte. Hier war nicht nur ein Palast für den König der Tiere entstanden, sondern auch gleich die passende Klangkathedrale dazu – 5 300 Quadratmeter groß und mit riesigen Natursteinbühnen, die in das Gebäude integriert wurden. So etwas hatte es bis dahin noch nie gegeben, die ersten Besucher fühlten sich wie in ein Gemälde versetzt, Berlin war hier unendlich weit weg. Kein Zaun beschränkte den Blick auf die Löwen, die Begegnung mit den Tieren war intensiv, ja magisch. Auf der Gegenseite des Gebäudes fanden sich die gleichen Prinzipien in der Anlage für die Tiger wieder. Dathe hatte sich mit seiner Abneigung gegen Beton zum Glück auf ganzer Linie durchgesetzt. Das trieb zwar die Kosten gewaltig nach oben, aber ein Palast für Tiere hat nun einmal seinen Preis.

Genial war auch der Gedanke, an die Anlagen im Haus »Privatgemächer« für die Tiere anzuschließen, durch die sie zu weiteren Felsanlagen im Außenbereich Zutritt hatten. So konnten sich die Löwen und Tiger zwischen drei Bereichen entscheiden.

In 14 weiteren Gehegen wurden noch andere Raubkatzen gezeigt. Heutigen Anforderungen an die Haltung von Großkatzen genügen diese kleineren Anlagen nicht mehr, sie wurden deshalb um großzügige Außengehege ergänzt.

Von Anfang an perfekt war dafür die große Tropenhalle im Zentrum des Alfred-Brehm-Hauses. 1100 Quadratmeter groß, 16 Meter hoch – eine immergrüne Oase und das Vogelparadies, von dem Dathe geträumt hatte. Fantastische Farben, exotische Stimmen, ein gefiederter Traum, der hier in der Wirklichkeit ein riesiges Nest gefunden hat. Da hatte Dathe sein Meisterstück ausgebrütet. Und das war in diesem Jahr noch lange nicht alles! Eröffnet wurde außerdem die Flamingolagune, in der man in jedem Frühjahr das Brutgeschäft verfolgen kann. Bis heute ist sie eines der beliebtesten Fotomotive im Tierpark. Die brütenden Vögel auf ihren Schlammkegeln, im Hintergrund die endlose Wiese, über die gemächlich die Kamele schaukeln, und ganz hinten der Wald – mehr Natur passt einfach nicht auf ein einziges Bild. Dann gab es niedlichen Nachwuchs, der für zusätzliche Besucherströme sorgte. Bei den Schimpansen kam der kleine Jaques auf die Welt, ein immer vergnügter kleiner Frechdachs, der sich gerne in den Arm nehmen ließ. Für Zooleute bemerkenswert war der Nachwuchs bei den Przewalskipferden; fast unbemerkt blieb bei dem ganzen Rummel die Ankunft des ersten Schabrackentapirs. Was für ein Jahr! In der Politik ließ sich die Wirtschaftskonferenz des ZK der SED für das »Neue ökonomische System der Planung und Leitung der Volkswirtschaft« feiern, aber nur kurze Zeit, die Verordnung zum Schutz der Staatsgrenze der DDR engte das Leben in Ost-Berlin mit einem 100 Meter breiten Sperrstreifen zusätzlich ein, während im Tierpark immer neue Grenzen überschritten wurden und das Leben sich immer weiter ausbreitete. Aber es sollte schwieriger werden; die »Planung und Leitung der Volkswirtschaft« ging auch am Tierpark nicht spurlos vorüber, der Kampf um die nötigen Mittel wurde härter. Dathe sorgte allerdings dafür, dass die Dinge am Laufen blieben. Der Tierpark war jetzt groß genug, um selbst ein gewichtiger Akteur im internationalen Netzwerk der Zoos zu sein. Durch Tausch, Geschenke und Ausleihen sowie geschickte Ausnutzung der vorhandenen eigenen Ressourcen konnte die Erfolgsgeschichte weitergehen.

1964 gab es Nachwuchs bei den Brillenbären, die Menschenaffen zogen endlich in ein eigenes Haus um, die zweite Lama-Anlage wurde eröffnet.

1965 wurde ein weiteres Lieblingsprojekt Dathes fertiggestellt, und wieder hatte man weder an Platz noch an guten Ideen gespart. Die Freifluganlage für Greifvögel ist 60 Meter lang, 33 Meter hoch und ebenfalls von mächtigen Natursteinen begrenzt, damit die Vögel – wie in der Natur – ihre Horste bauen können. Beton wurde nur für die Futterplatten verwendet, die dafür allerdings beheizbar sind, damit die Tiere im Winter nicht auf Tiefkühlkost umsteigen müssen. Begeistert erklärte Dathe, dass auch die größten Arten genug Platz zum Gleiten, Wenden und Fliegen haben. So lassen sich einmalige Beobachtungen über den Flugunterricht für den Nachwuchs anstellen, von Studien über das Brutverhalten und die Aufzucht gar nicht zu sprechen. Viele seltene Arten sollten hier gezüchtet werden, und die große Voliere wurde für einige Tiere auch die Startbahn zurück in die freie Natur. Ein Geier im Tierpark wurde übrigens über 50 Jahre alt, ein eindrucksvoller Beleg dafür, dass die Haltungsbedingungen optimal sind. Die Experten standen stundenlang an der Voliere, die normalen Berliner dagegen strömten zu den Menschenaffen: Dort war das Gorilla-Mädchen eingetroffen.

1966 feierte der Tierpark Nach den Schimpansen mit
»Moro« jetzt auch Nachwuchs bei den Orang-Utans! Ein
großer Erfolg, denn die Haltung und Zucht von Menschenaffen gilt als außerordentlich heikel. Wer das schafft, kann
fast alles. Völlig unaufgeregt dagegen verlief die Ankunft
der ersten Moschusochsen – sie sollten 41 Jahre friedlich
im Tierpark grasen, bis ein tragischer Vorfall sie ins Ram-
penlicht rückte.

2007 gab es den einzigen tödlichen Arbeitsunfall in der
Geschichte des Tierparks, ein Bulle von 350 Kilogramm
zerquetschte eine 41-jährige Pflegerin. Sie hatte 20 Jahre
Berufserfahrung und bezahlte einen einzigen Moment der
Unachtsamkeit mit ihrem Leben. Dathe hatte immer ge-
wusst, dass so etwas jederzeit passieren konnte. Trotz aller
Umsicht, trotz aller Vorsorge. Als 1963 im West-Berliner
Zoo ein Pfleger von einem Elefanten getötet wurde, hatte
er noch einmal alle Sicherungsmaßnahmen überprüfen lassen. Es war das große Glück seines Lebens, dass er von so
einem Rückschlag verschont blieb. Bei seinem Verantwor-
tungsbewusstsein hätte ihn das unendlich belastet, er hätte
sich immer den Vorwurf gemacht, doch nicht genug getan
zu haben.

1967 bekamen auch die Chile-Flamingos eine eigene
Lagune. Und alle waren ganz scharf darauf, den niedli-
chen Koloss »Kumari« vor die Linse zu bekommen. Das
Panzernashorn-Mädchen wuchs schnell und sollte spä-
ter selbst zweimal Mutter werden. Endlich fand auch der
Schabrackentapir ein größeres Publikum: Sein gefleckter
Nachwuchs mit dem ulkigen Kopf sieht aus, als hätte er 17
verschiedene Väter aus 17 verschiedenen Tierarten.

1968 ging eine Voliere für Bartgeier in Betrieb, Raben-
vögel bekamen ein eigenes Gehege, ein neuer Teich auf der
Stelzvogelwiese wurde fertig; alles keine großen Geschichten. Aber dann gab es eine Giraffengeburt, »Bummi« kam

endlich auf die Welt; in den Kitas packten sie die Bunt-
stifte aus und malten lustige Giraffenfamilien.

1969 wurde die Freilichtbühne mit über 3 000 Sitzplätzen
fertig und der Sommer in Berlin somit noch viel schöner.
Tiervorführungen, Konzerte, Vorträge, hier war ständig
etwas los. Ein Hörsaal unter der Sonne, ein Picknick-Platz
im Paradies, ein Treffpunkt für Müßiggänger und Wissbe-
gierige. Und wenn man schon einmal da war, konnte man
gleich die neu eingetroffenen Zwergflusspferde besuchen.
Oder die neue Freianlage der Gibbons! Ein tolles Plätzchen: ein Haus auf dem Wasser, ein Inselchen mit Klet-
tergerüst, mal was ganz anderes als die Plattenbauten, die
sonst in Berlin aus dem Boden gestampft wurden. Richtig
neidisch konnte man auf die Affen sein, bei denen ebenfalls nicht mit Beton, sondern mit Bambus gebaut wurde.

Wer bisher geglaubt hatte, dass ein Schabrackentapir
seltsam aussah, der musste bei der Ankunft des Okapi 1970
noch einmal in sich gehen. Dieses Tier hatte auch viele Väter oder einen Schöpfer mit Humor. Eine Mischung aus
Zebrahintern und Giraffe mit tiefer gelegtem Hals und
eine endlos lange bläuliche Zunge, mit der es sich sogar
hinter den Ohren lecken konnte, obwohl die ziemlich weit
hinten lagen – ein Paradiesvogel auf jeden Fall. Da traf es
sich gut, dass man auch gleich einen echten Paradiesvogel
in Augenschein nehmen konnte. Diese Vögel aus Neugui-
nea sind so irreal bunt und prachtvoll gefiedert, dass einem
alle anderen wie graue Mäuse vorkommen. Beim Anblick
dieser Tiere konnte auch der größte Ignorant zum Vogelfreund werden – deshalb hatte Dathe so lange nicht geruht,
bis er sie endlich in Berlin hatte. Zum Ausgleich für so viel
Pracht nahm der Tierpark aber auch eine Blindschlange in
seine Terrarien auf. Die Blindschlange sieht aus wie ein zu
großer und zu schwarzer Wurm; man muss schon ein fanatischer Herpetologe (griech. Herpeton: kriechendes Ding,

also die Wissenschaft von Amphibien und Reptilien) sein, um sich dafür zu erwärmen. Aber dieses Beispiel zeigt, dass der Tierpark nicht nur für Effekte lebte, sondern im Hintergrund auch knochentrockene Grundlagenarbeit geleistet wurde, und zwar nicht zu knapp. Davon konnte sich im selben Jahr der Internationale Zoodirektorenverband überzeugen, der in Berlin tagte. Mit dabei war auch Prof. Dr. Bernhard Grzimek, der als Frankfurter Zoodirektor im Westen so populär wie sein Amtsbruder Dathe im Osten war.

Ausgesprochene Lieblingstiere hatte Dathe bis auf seine Leidenschaft für Vögel eigentlich nie, sie faszinierten ihn durch ihre Eigenart alle gleichermaßen. Eine Schwäche hatte er für Chow-Chows, diese Hunderasse begleitete ihn bis zu seinem Tod, oft sah man ihn mit seinem »Asko« an der Seite. Was er nicht mochte, waren Katzen in der Form freilaufender und wildernder Hauskatzen. Sie waren zum einen gefährliche Krankheitsüberträger für die Raubkatzen im Tierpark, zum anderen natürlich unermüdliche Jäger seiner geliebten Vögel. Das Problem ist größer als viele Laien denken: In Deutschland rechnet man mit jährlich über einer Million Katzen, die sich selbständig machen, was schon einen gewaltigen Eingriff in die natürliche Umwelt darstellt. Dathe war auch in seinem privaten Umfeld ein unermüdlicher Mahner, was dieses Problem anging. Und er hatte noch eine zweite Abneigung, die aus Kindertagen herrührte, ein Lehrer hatte sie ihm eingepflanzt: lärmende, aufdringliche Papageien. Die hatte er allerdings lange überwunden, als der Tierpark 1971 zwei große Papageienvolieren bekam.

Balirinder erweiterten die ohnehin schon beeindruckende Sammlung verschiedener Rinderrassen, dieser Teil des Tierparks trug seinen Spitznamen »Kuhdamm« mit vollem Recht.

1972 wurde eine Freianlage für Auerochsen, Damwild und Muffeltiere eröffnet, dazu kam noch eine Wiese für die seltenen Davidshirsche. Ins Alfred-Brehm-Haus zogen jetzt indische Löwen ein; sie sind dort als Zuchtgruppe bis heute ein Markenzeichen des Tierparks. Und dann gab es wieder einen dieser Feiertage, die nur Zoologen so richtig genießen können, weil nur sie die ganze Bedeutung erfassen: eine Welterstzucht! Der Brasilianische Waldkauz fühlte sich offensichtlich nirgendwo so wohl wie im Tierpark, viele tausend Kilometer und Klimazonen von seiner Heimat entfernt. Dathe hatte herrlich behagliche Abende vor sich, nach Feierabend, den es ja in der Form nicht gab, beschäftigte er sich nämlich mit der Herausgabe der *Beiträge zur Vogelkunde*. Da gab es jetzt Bemerkenswertes zu schreiben; er freute sich auf den nächsten Drucktermin.

1973 fand die Hawaiigans, in ihrer Heimat fast ausgerottet, im Tierpark einen sicheren Hafen. Heute kann man die Tiere auch auf Hawaii wieder sehen, falls einem der Tierpark zu nahe ist. Außerdem bezogen Buntmarder und Tüpfelhyänen Stellung, beide Arten richteten sich häuslich ein und sind bis heute geblieben.

1974 gab es wieder Überstunden auf dem heimischen Studiersessel. Welterstzucht beim Großen Soldatenara, europäische Erstzucht beim Kleinen Soldatenara. Dathe hatte also seine Abneigung gegen Papageien endgültig überwunden. Für Vogelfreunde bemerkenswert war auch die Gründung einer Waldrappen-Kolonie. Diese Vögel waren früher auch in Deutschland heimisch, jetzt gibt es nur noch klägliche Restbestände in der Türkei und Syrien. Dass es inzwischen wieder Auswilderungsversuche gibt, ist auch dem Tierpark mit seiner Erhaltungszucht zu verdanken. Seinen Anspruch als Landschaftspark unterstrich der Tierpark mit der Eröffnung des Karl-Foerster-Gartens. Die vielfältigen Staudenpflanzen sind besonders im Sommer ein herrlicher Kontrast zum viel strenger gestalteten eigentlichen Schlosspark. Konkurrenz bekam der Schuhschnabel durch den Sattelstorch. Der hat eine noch größere Klappe und ist allein dadurch, dass er sich mit diesem Riesenapparat am Kopf auf seinen zwei Storchenbeinen gerade halten kann, ein anatomisches Phänomen ersten Ranges.

1975: Tusch! Europäische Erstzucht beim Weißkopfseeadler, dem amerikanischen Wappentier. Und der Zipfelkrötenfrosch freute sich, dass er ins Terrarium des Schlangenhauses und nicht zum Sattelstorch oder Schuhschnabel kam. Liebhaber findet er im Terrarium aber auch, allerdings nur solche, die sich für sein seltsam zerfetztes Aussehen begeistern können. Das arme Tier sieht beinahe so aus, als hätten Sattelstorch und Schuhschnabel zu lange mit ihm gespielt. Überhaupt legte sich der Tierpark im Laufe der Zeit eine Sammlung zum Teil sensationell hässlicher oder zumindest eigentümlicher Frösche an. Man kann einfach nur staunen und sich wundern, wie diese bizarre Vielfalt möglich ist, und tut damit genau das, was Dathe wollte.

1976 wurde der neue Haupteingang am Bärenschaufenster eröffnet. Jetzt stand man, wenn man vom U-Bahnhof Tierpark kam, endlich nicht mehr vor einem Bretterzaun, sondern an einem richtigen Eingang. Der U-Bahnhof war drei Jahre zuvor eingeweiht worden, angeregt hatte Dathe den Bau allerdings schon 1954, weil er ein mögliches Parkchaos schon vorhersah. Der U-Bahnhof Tierpark sollte übrigens der einzige U-Bahnhof bleiben, der in der DDR gebaut wurde. Ein kostbarer Tierzugang in diesem Jahr war der Somali-Wildesel, der in freier Natur nahezu ausgestorben ist. In einem Europäischen Erhaltungszuchtprogramm arbeiten mehrere Zoos zusammen, um die Art nicht ganz erlöschen zu lassen. Die niedlichen Eselchen mit den Zebra-Beinen sind jede Anstrengung wert; der

Tierpark Berlin führt inzwischen das Zuchtbuch und ist damit verantwortlich dafür, dass sie nicht für immer aus der Evolutionsgeschichte verschwinden.

Ein ähnliches Schicksal wie dem Somali-Wildesel drohte auch dem Mesopotamischen Damhirsch; für ihn übernahm der Tierpark ebenfalls die Führung des Zuchtbuches. In seiner Heimat war er bis auf klägliche Restbestände ausgerottet, der Erste Golfkrieg dezimierte die letzten Bestände weiter. Seit 1977 leben die Tiere wenigstens in Berlin sicher.

Wenn gerade kein Geld für neue Häuser da ist, dann eröffnet man einfach einen Wald! 1978 siedelte Dathe in einem herrlichen Waldgehege Berberaffen an, die es ihm allerdings gleich mit einem großen Massenausbruch dankten – ein mächtiges Spektakel und wieder einmal der Beweis dafür, dass man die Berliner auch ohne große Neuinvestitionen in den Bann des Tierparks ziehen konnte. Aber nicht nur die: Bei einem großen Ornithologen-Kongress war auch der legendäre Nobelpreisträger Dr. Konrad Lorenz zu Gast, dem es ausnehmend gut gefiel.

1979 erfolgte ein weiterer Geniestreich Dathes, der aus der Not wieder eine Tugend machte. Immer noch kein Geld für neue Häuser? Dann eben Trümmer! Aus Weltkriegsschutt ließ er Säulen und Fassadenteile retten und alles mit viel Fantasie und effektsicher zusammensetzen – fertig war der neue Affentempel! Eine einzigartige Anlage, die als Vorlage für Hollywood-Filme wie *12 Monkeys* hätte dienen können. Der Anblick der Rotgesichtsmakaken in den Zivilisationsruinen war einfach spektakulär, eine Mischung aus Endzeit und indischem Tempelheiligtum. Für Dathe hätte es so eine Attraktion in diesem Jahr nicht gebraucht, er und die anderen Fachleute im Tierpark waren im Bann der Arabischen Oryxantilope. Auch sie ist ohne Hilfe von Experten zum Aussterben verurteilt und deshalb ganz oben auf der Prioritätenliste der Zoologen. Die Zucht in Berlin gelang, erfolgreiche Auswilderungen krönten das Projekt, das bis heute weitergeführt wird. Auch das ist wieder Material für Kongresse und wissenschaftliche Veröffentlichungen, aber vielleicht nicht unbedingt der packendste Stoff für Familien mit Kindern – fachlich selbst in die Tiefe gehend, aber nie vergessend, dass die normalen Menschen erst einmal an der Oberfläche Gefallen finden müssen. Dathe gab damit eine Philosophie vor, mit der später ein Managertyp wie Apple-Gründer Steve Jobs eine ganz andere Branche umkrempeln sollte, die ebenfalls auf den ersten Blick erschreckend komplex und nur Fachleuten vorbehalten war – die Computerwelt. Den normalen User mit faszinierendem Design und einfachster Benutzerführung für eine neue Materie begeistern: Dathe war, obgleich nie an kommerziellem Erfolg interessiert, schon früh auf diese überzeugende Methode verfallen, die ihn unermüdlich antrieb, neue Attraktionen zu erzeugen, die jeder auf Anhieb verstand. Gleichzeitig wirkte er als der Power-Prozessor, der in den Tiefen des Tierpark-Systems für Höchstleistungen sorgte – in diesem Jahr unter anderem mit der Erstzucht des Afrikanischen Marabus.

Dathe war ein Freund französischer Literatur, er interessierte sich für klassische Musik und die bildenden Künste, für Trivialliteratur reichte seine Zeit und sein Interesse nicht aus, auch der Fernseher führte ein Schattendasein in seinem Haus. Aber dass die Menschen sich für dramatische Schicksalsgeschichten interessierten, war ihm nicht entgangen, und wenn ihm eine ins Haus flatterte, nutzte er natürlich die Gelegenheit, daraus ein Ereignis für alle Berliner zu machen. 1980 also lernt die Hauptstadt die Palmenflughündin »Alte« kennen. 50 Kilometer vor der Küste Liberias legte das völlig erschöpfte Tier eine Notlandung an Bord des DDR-Frachters »Wismar« hin. Ein

Sturm musste das Tier vom sicheren Festland hierher verschlagen haben. Die Matrosen päppelten es mit Obst wieder auf; später stellte sich heraus, dass vielleicht auch ein Hormonsturm das arme Tier im Griff hatte: Der Flughund war nämlich eine Flughündin und schwanger obendrein. Getrennt von ihrer Kolonie, fern der Heimat und trächtig – wie sollte das wohl ausgehen? Gut natürlich, denn die Flughund-Odyssee endete in einem sicheren Hafen, dem Tierpark. In der Tropenhalle des Alfred-Brehm-Hauses entstand eine neue Kolonie von Palmenflughunden, die dort heute so gemütlich abhängen, als hätten sie schon immer in Berlin gelebt. Alles Nachkommen von »Alte«.

Baulicher Höhepunkt war 1980 die Eröffnung des Pinguinfelsens. Humboldt- und Brillenpinguine fanden hier ein Zuhause.

Für den kunsthistorisch interessierten Dathe ein Höhepunkt seiner Laufbahn, der mit seinem eigentlichen Beruf zwar nichts zu tun hatte, den Tierpark aber als Kulturdenkmal ersten Ranges auszeichnete: Das Schloss Friedrichsfelde eröffnete 1981 nach umfangreicher Renovierung. Ursprünglich wollten es die Stadtplaner abreißen lassen, Dathe hatte sich vehement gegen diese Pläne gewehrt. Für seinen Geschmack waren in der DDR schon mehr als genug historische Bauten geschleift worden. Der Kampf um dieses Schloss ist ein Kapitel für sich, soll aber in dieser Chronik wenigstens kurz erwähnt werden.

Tiergärtnerische Höhepunkte waren die erstmalige Auswilderung von Mhorrgazellen in Tunesien und Marokko sowie der Erstschlupf einer Harpyie.

1982 fanden die großen Eröffnungsfeiern in Berlin außerhalb der Tierparkmauern statt. Das Bettenhochhaus der Charité, die Renovierung des Französischen Doms am Gendarmenmarkt, der neue Fernbahnhof Lichtenberg: Großprojekte, die Vorrang hatten, die BRD kürzte außerdem den

Überziehungskredit der DDR, die Mittel wurden immer knapper. Immerhin konnte der Tierpark Rotluchse aufnehmen, für ornithologische Feinschmecker Elfenbeinmöwen, für die Freunde der Niedlichkeit Sumpfmeerkatzen.

Die Durststrecke war nicht von langer Dauer. 1983 wurde auch im Tierpark wieder ein Band durchgeschnitten, ab jetzt planschten Baikalrobben in Friedrichsfelde. Neue Anlagen gab es außerdem in der Fasanerie, und beim Falkland-Karakara gelang eine Welterstzucht. So durfte es weitergehen.

1984 entstand noch ein Traumhaus auf dem Wasser: Die Kattas bekamen eine idyllische Inselanlage. Das war nicht nur schön für sie, sondern auch gut für die Menschen, denn ein wenig Abstand tut ganz gut: Die Kattas führen nämlich im Kampf um die Gunst der Weibchen regelrechte Stinkwettbewerbe durch. Dafür tränken sie ihre geringelten Schwänze im Sekret ihrer Achseldrüsen und wedeln dann damit in die Richtung ihres Gegners – gut, dass sie ihr eigenes Reich haben. Was auch für die Möwen gilt, deren Hygieneverhalten ebenfalls nicht über jeden Zweifel erhaben ist. Sie bezogen eine große Flugkuppel mit einer Nistwand aus Natursteinen. In jedem Mai sieht man sie dort brüten. Schon als Jugendlicher war Dathe von Möwen fasziniert, bei einem Erholungsaufenthalt an der Ostsee nach einer schweren Lungenerkrankung hatte er seine ersten Begegnungen mit ihnen. »Ich wollte noch viel mehr über sie lernen«, notierte er damals. Mit der großen Flugkuppel konnte dieser Traum verwirklicht werden. Als dann auch noch Mandschurenkraniche schlüpften, war das Vogeljahr perfekt!

1985 bezogen die Okapis ein eigenes Haus; Rote Varis, heute die Streichellieblinge im Tierpark, erlebten ihren ersten Sommer in der Hauptstadt, mussten sich aber erst eingewöhnen.

Es sollte noch 21 Jahre dauern, bis ein Eisbär namens Knut durch Internet und YouTube die ganze Welt entzückt, aber 1986 hatten DDR-Fernsehen und Zeitungen genug Stoff, um ihre Leser und Zuschauer zu fesseln: eine Eisbärengeburt. Das Junge wurde aber verstoßen und musste von Hand aufgezogen werden. So etwas Putziges hatte man zuletzt nur beim Bärenkind »Evi« gesehen und vielleicht noch beim Nachwuchs der Menschenaffen. Die Besucher freuten sich außerdem über die Eröffnung des neuen Terrassencafés.

1987 wurde das Krokodilhaus eröffnet und beendete damit für Chinaalligator »Mao« und seine Kollegen endlich die Zeit der Provisorien. Und weil es drinnen so schön warm und herrlich bepflanzt ist, schwirren in diesem Haus auch Kolibris durch die Lüfte. Neben China-Alligatoren aalen sich im warmen Sand Hechtalligatoren aus Amerika, die in ihrer Heimat auch Menschen gefährlich werden können, daneben liegen Brillenkaimane und testen in aller Ruhe aus, ob sie ihr Höchstalter von 100 Jahren erreichen (es sieht ganz danach aus …), man sieht den Sunda-Gavial, der darauf wartet, eines Tages fünf Meter lang zu sein, dazu kommen die urig bepanzerten Stumpfkrokos aus Afrika. Die friedlichen Riesenschildkröten daneben wollen auf den ersten Blick so gar nicht dazu passen, aber auch sie haben ein furchterregendes Werkzeug in ihrem Arsenal: Der Penis der Riesenschildkröte ist leicht gespalten, und wenn er zum Einsatz kommt, hört man von den sonst so stummen Tieren ein ziemlich gequältes Ächzen.

1988 trafen im Schlangenhaus Anakondas und Blattgrüne Mambas ein, außerdem bekam der Tierpark sechs Totenkopfäffchen. Kuschelig sehen die Schwarzweißen Varis aus, und das sind sie auch. Ihre wilden Schreie hallen allerdings durch den halben Park und lassen die Tierparkbesucher bis heute das Schlimmste ahnen. Damit das Dickhäuterhaus bei der Eröffnung im folgenden Jahr genügend Bewohner haben würde, trafen auch noch zwei asiatische Elefanten ein. Und tollen Nachwuchs gab es auch wieder: bei den Orang-Utans und den Zwergflusspferden.

Es waren nur noch wenige Wochen bis zum Mauerfall, als das letzte Großprojekt der DDR feierlich eröffnet wurde, das die Menschen bis heute begeistert: das Dickhäuterhaus im Tierpark, 6000 Quadratmeter groß, die Freigehege davor haben noch einmal die doppelte Fläche. Dathe war 78 Jahre alt, als das Haus am 29. September 1989 eröffnet wurde. Und er steckte voller Ehrgeiz. Denn hier sollte endlich gelingen, worauf er und die Berliner so lange vergeblich gewartet hatten. Nach all den Zuchterfolgen bei so vielen Arten, die zum Teil viel empfindlicher und schwerer als Elefanten zu halten waren, wollte der Tierpark endlich auch bei den Dickhäutern den Rüssel vorne haben.

Schließlich gehörten Elefanten zu den ersten Bewohnern des Tierparks, die Damen »Bambi« und »Dombo« waren quasi Geburtshelfer. Schon 1956 bekamen sie einen stattlichen Bullen namens »Hannibal« an die Seite. Der bemühte sich heroisch, scheiterte aber, wie sein bekannter Namenspatron, kurz vor dem Ziel. Tragisch, aber nicht zu ändern. 1957 gab es ein Elefantenbaby, allerdings nicht aus den eigenen Reihen, sondern als Geschenk Ho Chi Minhs. Die kleine »Kosko« mit ihrer niemals ruhenden Neugierde, ihrem unermüdlichen Spiel- und Entdeckungstrieb, ihrem frechen Rüssel und den wackligen Beinchen, die so herrlich wirbeln konnten – sie weckte den großen Wunsch nach eigenen Minis, aber im ehemaligen Kuhstall, wo die Elefanten untergebracht waren, funkte es einfach nicht. Weder Rumpunsch noch Rattenjagden (Elefanten können so tief schlafen, dass sie es nicht merken, wenn Ratten an ihnen knabbern, deshalb verfolgten die Tiergärtner die Nager erbarmungslos) halfen den Elefanten auf die Sprünge.

So groß die Liebeswallung bei Elefanten auch ist (1,80 Meter sind keine Seltenheit), es kam einfach nichts Kleines dabei heraus. Jahre gingen ins Land. Jahrzehnte. Nur Geduld … Dathe wusste, dass man nichts erzwingen konnte. Dass man nur Hilfestellung geben, aber aus eigener Macht nicht das allerkleinste Leben in Gang setzen konnte. Diese erste Lektion der Tiergärtnerei gab er unermüdlich weiter, versehen mit der Mahnung, dass daraus die Verpflichtung erwachse, mit jedem Geschöpf sorgsam umzugehen.

Aber einfach nur abwarten war seine Sache auch nicht. Und so klopfte er wieder an viele Türen, erklärte und begeisterte so lange, bis endlich die Bagger rollten. Mochte auch Unruhe das ganze Land ergriffen haben, im Tierpark hielt man an den einmal gefassten Zielen fest und setzte sie konsequent um. Da war Dathe selbst ein Dickhäuter im besten Sinne. So wurde seine letzte große Vision Realität: ein Elefantenhaus, um das die Welt Berlin beneiden sollte.

Er selbst erlebte den gewaltigen Erfolg nicht mehr, doch unzählige Menschen sollten sich an der Anlage noch erfreuen. Das Dickhäuterhaus wurde zu einer gewaltigen Geburtsstation, der Tierpark eröffnete im neuen Jahrtausend einen regelrechten Elefanten-Kindergarten, die Rüssel-Racker wurden zu einem neuen Wahrzeichen des Tierparks und lockten Menschen, die noch nie zuvor im Tierpark waren, in Scharen nach Friedrichsfelde. Auch aus Westberlin und Westdeutschland kamen sie in Strömen – der Tierpark, unter Wissenschaftlern international schon lange eine Institution von Weltrang, war jetzt auch für die einfachen Menschen, die ihn erst lange nach der Wende kennenlernten, ein Begriff. Und sie nahmen ihn gern in Besitz.

Dathe, der ihn immer als Bereicherung für die ganze Stadt gesehen, konzipiert und geführt hatte, erreichte so auch lange nach seinem Tod mit seiner ureigenen Methode sein größtes Ziel: mit der ganzen Wucht des Lebens die Herzen der Menschen zu gewinnen, egal welcher Herkunft oder Weltanschauung, um ihnen tiefere Einblicke in ihr eigenes Wesen zu ermöglichen. Wie viel tägliche Kleinarbeit darin steckte, auf wie vielen Feldern er sich bewegen musste, um diese Wirkung erzielen zu können und den Tierpark insgesamt auf Kurs zu halten, soll ein Blick in den letzten Rechenschaftsbericht zeigen, der aus Dathes eigener Feder stammt.

Ein Platz für Tiere! Professor Dathe schenkt seinen Tieren nicht nur 160 Hektar Geborgenheit im Tierpark, er selbst ist auch stets lächelnder Lebensraum für ungezählte Arten. Über Jahrzehnte entstehen so tausende drollige Schnappschüsse.

Weinholdstraße 1 in Reichenbach: Hier wurde Heinrich Dathe geboren. Im Erdgeschoss waren die Büroräume seines Vaters.

II

Bald wird diese Plakette an Dathes Geburtshaus in Reichenbach
angebracht und an den großen Sohn der Stadt erinnern.

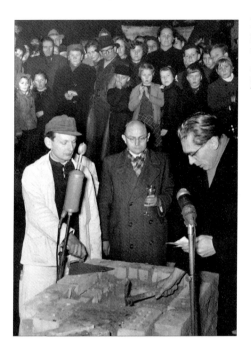

Die Grundstein-
legung für den
Tierpark. Noch ist
der Erfolg des Pro-
jektes ungewiss.

Pandabärin Chi-Chi ist 1958 die große Sensation im Tierpark.

Willkommen auf der Arche Noah: Der Tierpark freut sich über seine ersten Löwen, eine Spende von Dathes Zoofreunden aus Leipzig.

Großer Bahnhof für einen kleinen Elefanten: Dathe begrüßt am Anfang fast jedes Tier persönlich!

Faxen fürs Volk: Dathe nutzt jede Gelegenheit, die Menschen in den Tierpark zu locken. Und wenn er sich dafür zum Affen machen muss.

Sagen Sie mal, Herr Professor: Eines der fast 2000 Interviews mit Rundfunk-Reporterin Karin Rohn

Niedlicher Nachwuchs: Schon bald nach seiner Eröffnung glänzt der Tierpark mit großen Zuchterfolgen. Und jedes Jahr wurden es mehr. Dathe hat alle Hände voll zu tun, den Berlinern die vielen Jungtiere zu präsentieren.

Ho Chi Minh zu Besuch im Tierpark. Vielleicht noch willkommener als er ist sein Geschenk: Elefanten-Baby Kosko

Dathe 1990: Die Intrigen gegen ihn haben noch nicht begonnen, unbeschwert genießt er das Interesse der Berliner Kinder für seine Tiere.

VIII

IX

Ein seltenes Bild: Dathe ohne Jackett! Entstanden bei einem
Freundschaftsbesuch mit seiner Frau in Tallinn

X

Wer hat hier den Hut auf? Spaßvogel Dathe schnappt sich den seiner Frau.

Der letzte Urlaub: Dathe wie immer mit Fernglas, er erkundet die Vogelwelt Mallorcas.

Auf Entdeckungstour in der Natur. Bis zuletzt bleibt Dathe ein leidenschaftlicher Forscher. Die Strände Mallorcas lässt er links liegen, ihn zieht es in ein Feuchtgebiet, in dem es seltene Vögel gibt.

Dathe mit einem
Ornithologen-Freund
auf Mallorca-Mission

Dathe nach Feierabend: Im Freizeitdress studiert er Fachliteratur.
Er kennt kaum eine schönere Beschäftigung.

Für eine gute Bockwurst macht Dathe einen Bogen um jedes noch so reichliche Büfett.

Dathe an seinem
80. Geburtstag mit
Ehefrau Elisabeth

Das herzlose Kündigungsschreiben an den Tierparkdirektor

Die ganze Belegschaft feiert mit ihrem legendären Direktor seinen 80. Geburtstag, an jedem Gehege warten Gratulanten.

Das letzte Weihnachtsfest: Dathe 1990 mit seiner Frau Elisabeth.
Man sieht, wie sehr ihn die letzten Wochen mitgenommen haben.
Er hat nur noch zwei Wochen zu leben.

Kapitel 9

Wie viel Leben passt in ein Jahr?

Berlin 1989. Die Rufe nach Veränderungen im Land wurden immer lauter, die Ungeduld immer größer. Die Regierenden handelten planlos, von Angst getrieben, Köpfe wurden ausgetauscht, Polit-Kosmetik betrieben, doch der Umbruch war nicht aufzuhalten. Nur der Tierpark folgte noch eisern seinem Rhythmus: nicht aus Starrsinn, nicht aus Phlegma – es ist ein Rhythmus, den die Natur und die Notwendigkeit vorgeben. Die Tiere müssen gefüttert werden, Neuankömmlinge untergebracht, trächtige Tiere abgesondert, Krankheiten behandelt, wichtige Forschungsprojekte abgeschlossen werden. Nachts müssen die Tiere in ihre Häuser gebracht werden, Gehege werden gereinigt, Rotlichtlampen für die Allerkleinsten ausgetauscht. Es ist eine Ordnung, die in Jahrzehnten gewachsen ist, ein Organismus, der beinahe aus sich selbst heraus funktioniert und dennoch eine ordnende Hand im Hintergrund braucht. 35 Jahre ist es jetzt her, dass Dathe sein Amt als Gründungsdirektor antrat und dieses Räderwerk anschob, immer wieder nachjustierte und neue große Einheiten integrierte. Es sind diese organischen Abläufe, die es möglich und sogar nötig machten, dass ein Mann so lange so unangefochten an der Spitze eines derart komplexen Betriebes blieb. Neue Besen mögen gut kehren, aber wenn sie dabei zu viel Staub aufwirbeln, stockt das anfällige Getriebe und empfindliche Arten finden den Tod. Der ewige Dathe: Weil er selbst mit seinem Werk verschmolzen war, gab es in all den Jahren keine einzige Stimme, die gegen seine Position aufbegehrte. Wer hätte diesen 24-Stunden-Job sonst ausfüllen sollen. Es sind zwar fast nur Zahlen, die der Jahresbericht für 1989 ausweist, und sie sind in vielen Punkten seit vielen Jahren ähnlich geblieben, denn nichts war für ungestörte Abläufe wichtiger als Kontinuität, aber hinter jeder Zahl steckt Sorge, Interesse und die leidenschaftliche Arbeit, die in den Jahren und Jahrzehnten zuvor geleistet wurde. Ein genauer Blick in den Bericht zeigt aber auch, wie unvollständig jede Chronik über das Geschehen im Tierpark bleiben muss, denn die Fülle und Vielfalt des Geschehens ist atemberaubend.

Allein die Neuerwerbungen in diesem einen Jahr sind eine Herausforderung: Für jedes Tier muss schon im Voraus ein Platz eingerichtet werden, die Eingewöhnungsphase muss geplant, die Ankunft der Transporte koordiniert und Personal dafür abgestellt werden, Futter eingeplant und vorbereitet werden. Bei den Spitzhörnchen mag das noch kein großes Problem sein, aber schon bei den Lisztäffchen wird es heikel. Und wenn ein Breitmaulnashorn ankommt? Das packt man nicht einfach aus und stellt es in die Ecke. Einen Afrikanischen Elefanten auch nicht. Das muss Wochen und Monate vorher vorbereitet werden, jede Schluderei und jedes Handeln auf den letzten Drücker wäre ein Verbrechen an den Tieren. Und das alles ohne Unterstützung durch schlaue Computerprogramme. Der Alltag in der Verwaltung des Tierparks bestand aus endlosen Listen und Einsatzplänen, die immer wieder überarbeitet und auf den neuen Stand gebracht werden mussten, denn Transporte verzögerten sich, Hilferufe aus anderen Zoos gingen ein. Es war ein ständiger Kampf der Ordnung gegen das Chaos, nichts durfte aufgeschoben oder ignoriert werden, denn jede Vernachlässigung konnte nur zu schnell ein krankes oder totes Tier zur Folge haben.

Zu den bereits erwähnten Neuzugängen kamen ein Kowari (australische Beutelmaus), zwei Hulmane (indische Affenart), zwei Darwin-Blattohrmäuse, vier Streifengrasmäuse, sechs Präriehunde, zwei Bergpakas, drei Goldagutis (südamerikanisches Nagetier), zwei Amurkatzen, ein Alpaka, ein Okapi, ein Rotbüffel, zwei Moschusochsen und drei Blauschafe. Das waren nur die Säugetiere und auch nur die, deren Erwähnung Dathe besonders wichtig war. Die »normalen« Neuankömmlinge fanden bei der Fülle der Daten keine Berücksichtigung.

Bei den Vögeln wurde es unübersichtlicher, denn sie stellten im Tierpark die größte Tiergruppe. Waren es bei den Säugetieren im Berichtsjahr 2214 Individuen in 207 Formen, kam man bei den Vögeln schon auf 2759 Tiere in 450 Formen.

Und bei jedem Neuankömmling musste man zuvor wissen, welche spezielle Ernährung er bevorzugt, welchen Lebensraum er braucht. Manchmal musste man auf alles vorbereitet sein, weil es sich um noch weitgehend unerforschte Arten handelte. Ein (flüchtiger) Blick in die Liste der Neuerwerbungen zeigt allein anhand der exotischen Namen, welche Spannbreite der Tierpark auf diesem Feld hatte. Eingegliedert wurden zwei australische Kasarkas (eine Gansart), zwei Blutfasane und drei Elliotfasane, ein Kea (Bergpapagei aus Neuseeland), vier Hagedasche (afrikanische Ibisart), drei Neuguinea-Edelpapageien, vier Gelbbauch-Häherlinge, zwei Prachtnektarvögel (afrikanisches Gegenstück zum Kolibri), zwei Elfennektarvögel, zehn Blutschnabelwerber, ein Steinadler, ein Steppenadler und vier Wanderfalken. Besonders für die Nektarvögel musste die Tierparkgärtnerei eigene Pflanzen züchten, damit die Vögel sich artgemäß ernähren konnten. Auch das geht nicht auf die Schnelle, sondern muss von langer Hand geplant und vorbereitet werden. Mit all seiner Erfahrung und Umsicht war Dathe der Prediger aller Eventualitäten, sein »Haben Sie dabei auch bedacht ...« war ein Mantra des Tierparks und die Versicherung gegen voreilige Maßnahmen.

Der Vollständigkeit halber blicken wir noch kurz ins Schlangenhaus, denn auch dort gab es keinen Stillstand. Zugänge waren Neukaledonische Kopfhöcker-Riesengeckos, Rote Tejus, Schnappschildkröten, Rotschwanznattern, Schwarzhals-Speikobras und Buntpythons.

Da mit der Unterzeichnung des Washingtoner Artenschutzabkommens von 1973 keine geschützten Tiere mehr aus freier Wildbahn in die Zoos kamen, mussten alle Arten durch Tausch oder Kauf aus anderen Zoos beschafft werden. Man musste also nicht nur immer wissen, wo welche Art verfügbar war, sondern auch vielfältigste Korrespondenzen führen, um rechtzeitig Interesse zu bekunden und nachzuweisen, dass man geeignete Unterbringungsmöglichkeiten zur Verfügung stellen konnte. Der Pflege dieser Kontakte dienten auch die zahlreichen Auslandsreisen, die Dathe unternahm. Am Rand von Kongressen nutzte er jede Gelegenheit, bei Kollegen vorzusprechen.

Noch wichtiger als die Neuerwerbungen waren die Zugänge durch erfolgreiche Zuchtprogramme, von denen die kurze Chronik im vorigen Kapitel nur ausgewählte Höhepunkte nennen konnte. Es waren natürlich viel mehr, wie der genauere Blick in das ausgewählte Berichtsjahr zeigt. Manchmal stellte sich der Nachwuchs wie von alleine ein, oft genug aber musste tüchtig nachgeholfen werden. Rückzugsräume für den komplizierten Akt waren nötig, Ruhebereiche für die tragenden Tiere – ein Aufwand sondergleichen. Doch mit der Erfahrung wuchs auch der Erfolg. So wurden im Tierpark 1989 drei Eisbären geboren, sieben Rote Varis, zwei Kleine Pandas, zwei Somali-Wildesel, zwei Mesopotamische Damhirsche, eine Uganda-

Giraffe, zwei Arabische Oryx, drei Mhorrgazellen, zwölf Bennettkängurus, drei Mantelpaviane, drei Indische Riesenflughunde, ein Moschusochse und vier Bezoarziegen. Und das waren nur die Tiere, die wegen ihrer Seltenheit besonders hervorgehoben wurden. Aber im Kreißsaal des Tierparks passierte im Laufe eines Jahres noch viel, viel mehr: 28 Bergwühlmäuse, 15 Mongolenrennmäuse (gelb), über 300 Campell-Zwerghamster, knapp 300 Chinesische Zwerghamster, über 50 Stachelmäuse und eine Menge anderer fortpflanzungsfreudiger Nager kamen hinzu. Dann die Raubkatzen: ein Puma, drei Schwarze Panther, fünf Indische Löwen, ein Sumatratiger, ein Schwarzer Jaguar. Auch auf den großen Tierparkwiesen wimmelte es von Neuzugängen: sechs Lamas, zwei Trampeltiere, drei Dromedare. Und erst die ganzen Rinderrassen: fünf Wisente, fünf Bisons, ein Kaffernbüffel, drei Yaks, drei Ungarische Steppenrinder, fünf Fjällrinder. Schließlich die Schafe: sieben Kreishornschafe, 24 Kamerunschafe, neun Helle Zackelschafe, zwölf Skudden, ein Mongolenschaf, acht Heidschnucken, elf Gotlandschafe und acht Rhönschafe.

Kommen wir zu den Vögeln, denen ja das besondere Interesse Dathes galt und bei denen, wie in jedem Jahr, zahlreiche bemerkenswerte Erfolge gelangen: zwei Brillenpinguine, zwei Felsenpinguine, zwei Mandschurenkraniche, fünf Waldrappen, ein Großer Soldatenara, drei Kleine Soldatenaras, ein Gelbflügelara, ein Nacktaugenkakadu, ein Bartgeier, zwei Seeadler, ein Schreiseeadler, ein Milch-Uhu und drei Falkland-Karakaras. Die vielen Gänse- und Entenarten, die erfolgreich brüteten, füllen ganze Seiten im Jahrbuch und können hier deshalb nicht einzeln aufgeführt werden.

Im Terrarium schließlich herrschte ebenfalls ein eifriges Brüten und Schlüpfen, obwohl es dort besonders schwierig ist. Sieben Wassermokassinschlangen, 32 Tiger-

pythons, drei Klappschildkröten und eine Europäische
Sumpfschildkröte bereicherten den Bestand des Tierparks.
Verantwortlich für diesen Bereich damals (und bis heute)
zeichnete Dathes jüngster Sohn Falk, die Erfolge kamen
also nicht von ungefähr.

Tierliebe kennt keine Grenzen, das zeigte sich in der
Liste der Staaten, mit denen Tiere getauscht und untereinander verschenkt wurden. 22 Länder sind da aufgelistet,
es geht kreuz und quer über den Globus, von den UdSSR
zu den USA, von der Mongolischen Volksrepublik, Kuba
und Mosambik bis hin zu Israel, Syrien und Spanien.
Freundschaftliche Verbindungen gab es ebenfalls mit den
Nachbarn in Polen, mit Österreich und der Schweiz, und
natürlich war da auch die BRD und, immer noch gesondert
aufgeführt, Berlin (West). Das ganze Jahr über herrschte
also am Telefon ein nahezu babylonisches Sprachgewirr,
bis jedes Tier an seinem Plätzchen war.

Und jedes hatte Hunger. Die Zootierernährung ist für
sich allein schon eine gewaltige logistische Herausforderung, vielfältig soll es sein, immer schön frisch, die Kosten müssen aber auch bedacht werden. Der Tierpark hatte
dafür eigene große Felder, auf denen Grünfutter angebaut
wurde, bei ungünstigem Wetter mussten die Ausfälle aber
frühzeitig berechnet und ausgeglichen werden. Zu vielen
Betrieben, Handelseinrichtungen und staatlichen Stellen
bestanden enge Kontakte, um aus zahlreichen Quellen
Nachschub für die immer hungrigen Mägen schöpfen zu
können. Und auch die Bevölkerung machte fleißig mit. So
gaben die Berliner allein im Jahr 1989 knapp 11 000 Kilogramm Eicheln im Tierpark ab, die sie zuvor in den Wäldern gesammelt hatten.

Um die riesigen Warenströme besser koordinieren zu
können, waren die Aufgaben verteilt zwischen der Futtermeisterei, die lagerbare Vorräte verwaltete, und der Tier-

futterküche, die für die Versorgung der Tiere mit ihren täglichen Rationen sorgte.

Die Zahlen aus der Futtermeisterei sind gewaltig: Eine halbe Million Kilogramm Heu gingen durch ihre Lager, 67 000 Kilo Weizen, 80 000 Kilo Gerste, 90 000 Kilo Hafer, 61 000 Kilo Mais, 37 000 Kilo Futterrüben und über 100 Kilo Mehlkäferlarven.

Die Tierfutterküche verarbeitete zusätzlich 64 000 Kilo Äpfel und noch einmal so viele Möhren, bald 100 000 Eier, 78 000 Kilo Kartoffeln, rund 1 000 Kilo Magerquark, 30 000 Liter Vollmilch, 40 000 Vollkornbrote und 37 000 Weißbrote.

Dazu kamen noch die Zulieferungen aus der Tierpark-gärtnerei, die nicht nur für den Pflanzenbestand in den Häusern und Anlagen zuständig war, sondern auch mit frischem Gemüse den Speiseplan bereicherte – in enormen Mengen: 5 600 Stück Kohlrabi, 464 Kilo Grünkohl, 616 Kilo Salat, 1 329 Stück Blumenkohl, 822 Kilo Tomaten, 61 Kilo Petersilie, 324 Kilo Sellerie und über 1 000 Bund Radieschen.

Das war Schwerstarbeit, alles musste hin- und hergefahren, zubereitet und jeden Tag ausgeliefert werden. Es lief wie am Schnürchen, das Kollektiv war, wie Dathe zufrieden notierte, »bestens eingespielt«, und alles andere wäre auch eine Katastrophe gewesen. Dass aber auch diese vermeintliche Routine umsichtig verwaltet sein wollte, zeigt sich allein darin, wie akribisch die Zahlen festgehalten wurden, waren sie doch unverzichtbare Planungshilfen für das Folgejahr.

Routine herrschte inzwischen auch in der Tierklinik, trotzdem war jeder Patient natürlich ein Fall für sich. Giraffen mit Halsschmerzen, Krokos mit Zahnweh, Störche mit gebrochenen Beinen, Löwen mit grauem Star – alles schon da gewesen, alles kein Problem, dafür gab es schließlich

die Profis. 1989 wurden 221 Operationen durchgeführt –
fast an jedem Werktag eine. Dazu kamen ambulante Be-
handlungen und prophylaktische Eingriffe wie zum Beispiel Impfungen. Dafür weist die Statistik 4 810 Einzelfälle
auf. Von 163 Patienten wurden außerdem 309 Röntgenauf-
nahmen angefertigt. Schließlich gab es noch 7 590 Unter-
suchungen auf Parasitenbefall. In dieser Beziehung haben
es die Tiere in Gefangenschaft auf jeden Fall besser als ihre
Artgenossen in freier Wildbahn, denn ihnen bleibt diese
Dauer-Quälerei erspart: Larven, die durch innere Organe
wandern, Würmer, die die Haut durchbohren, hinter den
Augen, in der Nase oder in der Lunge Eier legen – und das
nicht nur in den Tropen, sondern auch in den Wäldern vor
unserer Haustür. Parasiten machen den Tieren das Leben in
der Wildnis oft genug zur Hölle auf Erden, bis sie dann an
den Folgen sterben. Dathe führte die frühere Geschlechts-
reife in der Gefangenschaft und das erstaunlich hohe Alter,
das die Tiere in menschlicher Obhut erreichten, auch auf
das Fehlen von Parasiten zurück. Hinzu kam natürlich die
bessere Ernährung und das Fehlen von Fressfeinden. Was
auch immer sich gegen die Haltung von Tieren in Zoos
sagen lässt, und die Stimmen dazu werden immer lauter:
Dathe hätte mit dem Hinweis gekontert, dass die betroffenen Tiere dazu unter Umständen eine ganz andere Meinung haben. Selbstverständlich ist es artgerecht, wenn ein
alterndes Zebra von Tigern in Stücke gerissen wird; es ist
»natürlich«, wenn ein Hirsch so lange von Rachendassel-
larven gequält wird, bis er elend verhungert. Und wenn
ein Löwe mit Arthrose nicht mehr jagen kann, dann wird
er eben ein Fressen für die Geier. Niemand weiß, wie sich
ein Tier, vor diese Alternative gestellt, entscheiden würde.
Deshalb war es für Dathe auch höchst problematisch,
wenn sich zoofeindliche »Tierfreunde« in ihrer Haltung
so ungemein sicher waren. Eines aber war für Dathe ganz

klar: die Verpflichtung, alles nur Mögliche für die Tiere zu tun, wenn man sie erst einmal in Obhut genommen hatte – und alles, was man im Umgang mit ihnen lernte, zu nutzen, um allen Tieren in ihrer vom Menschen zunehmend eingeschränkten Umwelt zu helfen. Dazu diente ihm nicht nur der Tierpark, sondern in besonderer Weise auch das Institut für Wirbeltierforschung, das im Jahr 1989 unter seiner Führung 27 Wissenschaftler zählte, die sich der Verbesserung der Lebensbedingungen der Tiere widmeten und ihre Krankheiten erforschten.

Aber der wissenschaftliche Ansatz von Tierpark und Forschungsstelle war noch viel weiter gespannt, wie ein Blick in die Arbeiten zeigt, die 1989 von Dathe und seinen Mitarbeitern veröffentlicht wurden. Wie immer hatte Dathe dafür zahlreiche Anstöße geliefert, seiner alten Gewohnheit folgend aber darauf verzichtet, dass sein Name in den Arbeiten als Initiator oder Mitautor genannt wurde. Schon als Student erschien ihm das Verhalten mancher Professoren als geltungssüchtig. Dathe schmückte sich nicht mit fremden Federn, ihm reichte es, dass der Tierpark als Quell des Wissens so oft wie möglich angezapft wurde. Auf welche unterschiedlichen Arten das geschah, zeigt ein Blick in die Veröffentlichungsliste von Tierparkmitarbeitern aus diesem einen Jahr.

Beginnen wir die Literaturliste also mit »Notwendigkeit und Ergebnisse eines orthopädischen Hufbeschlags bei einem Chapman-Zebra«, gehen weiter zu »Sozialverhalten und Revierverteidigung in Beziehung zur Tageszeit beim Wildschwein« und landen bei »Unser Vogelatlas: Die Zwergohreule«. Aus Dathes eigener Feder stammte in diesem Jahr aber auch wieder eine Fülle von Arbeiten: »Zur Ernährung heimischer Möwen«, »Ungewöhnlicher Gesang einer Mönchsgrasmücke«, »Vergewaltigungsversuch beim Feldspatz«, »Unser Vogelatlas: Der Kolkrabe«, »Unser Vogelatlas: Der Mauersegler« und schließlich »Unser Vogelatlas: Der Waldrapp«. Es konnte so viel zu tun sein, wie da wollte – für seine geliebten Vögel war immer noch Zeit übrig, und das Wissen über sie zu verbreiten blieb bis zuletzt Dathes Antrieb. In fünfter Auflage erschien 1989 sein wunderschönes Kinderbuch *Reineke. Ein Tag im Leben eines Fuchses*, außerdem verfasste er Aufsätze zu allgemeinen Themen, so zum »Einsatz der Tiergärten zur Erhaltung der Faunen« und »Einsatz der Tiergärten zur Förderung des Umweltverständnisses der Bürger«. Aus der Feder seines ältesten Sohnes Holger, der ihn in der Leitung der Forschungsstelle für Wirbeltierforschung vertrat, stammten Beiträge, die sich ausschließlich an Wissenschaftler richteten, so die Schrift »Ein Beitrag zur Kennzeichnung zytogenisch unterschiedener Formen von Kirk-Dikdiks« und die Arbeit »Progesteron-Nachweis im Sekret des Zwergflusspferdes«.

Dathes Stellvertreter in der Tierparkleitung, Dr. Wolfgang Grummt, findet sich ebenfalls in der Autorenliste dieses Jahres mit »Bemerkungen über Pelikanmischlinge«, »Fasanen in der DDR« und »Ein besonderes Hobby – Fasanenhaltung«. Man sieht bis hierher schon die Bandbreite von spezialisierter Wissenschaft bis zu populärer Unterweisung. Das setzt sich durch die ganze Veröffentlichungsliste fort. So schrieb Dr. J. Haensel, der Kurator für Säugetiere, für Fachleute relevant und Laien verständlich viel über Fledermäuse: »Rauhhautfledermaus überwintert in Berlin«, »Größtes gegenwärtig bekanntes Winterquartier für Mausohren in der DDR entdeckt«, »Fledermäuse brauchen Freunde« und »Vorkommen und Geschlechterverhältnis überwinternder Breitflügelfledermäuse in Unter-Tage-Quartieren des Berliner Raums«. In diesen Beiträgen wird das Bemühen um erfolgreichen Artenschutz vor der Haustür, das diesen Wissenschaftler antrieb, deutlich, womit er ganz im Sinne Dathes über die Grenzen des Tierparks hinaus wirksam wurde. Dr. Joachim Kormann, der viele Jahre die erfolgreiche Öffentlichkeitsarbeit für den Tierpark übernahm, wurde als Kurator für Fische und niedere Tiere ein wichtiger Autor für die DDR-Aquarianer. Er beschrieb für das AT-Meerestierlexikon den Kuhkopffisch, die Pilz-lederkoralle, den Sphinx-Schleimfisch und das Zwergseepferdchen. An ein breiteres Publikum richtete sich »Blumentiere in der Adria – zu Gast bei den Ozeanologen von Split«.

Zahlreiche weitere Forschungsarbeiten aus dem Tierpark hatten Tierkrankheiten zum Inhalt und bildeten so die Grundlage für spätere Behandlungsmöglichkeiten.

Es ist schwer vorstellbar, wie es Dathe und seinen Mitstreitern gelang, neben der täglichen Arbeit im Tierpark, die sie mit ständig wechselnden Herausforderungen konfrontierte, auch noch so systematisch an unterschiedlichen Forschungsgebieten zu arbeiten und dann die Ruhe zu finden, ihre Ergebnisse zu publizieren. Dazu bedarf es außerordentlicher Disziplin, denn keiner dieser Tierparkmitarbeiter saß abgeschieden im Elfenbeinturm der reinen Wissenschaft, ganz im Gegenteil, sie standen mitten im Leben, um das sie sich jeden Tag sorgten und für das sie kämpften. Ausgewiesene Praktiker allesamt, sonst hätte Dathe sie nicht um sich versammelt. Doch Dathe nahm sie dann auch als Wissenschaftler ebenso knallhart wie sich selbst in die Pflicht. Schließlich, so Dathes Gründungsphilosophie, hatte der Tierpark unbedingt auch der Wissensvermehrung und -verbreitung zu dienen. So fluchten manche und schrieben sich dann doch die Finger wund, so wuchs ein gewaltiger Wissensschatz heran, von dem hier nur ein ganz kleiner Registerauszug gegeben werden konnte.

Und dann gab es da noch Kongresse und Symposien, die besucht werden wollten. Dathe verordnete sich trotz seines hohen Alters immer noch ein straffes Programm. Verlassen konnte er sich dabei auf seine unermüdliche langjährige Referentin Engelmann, die nicht nur alle Reisen umsichtig plante, sondern Dathe sogar eine Kleiderliste mit auf den Weg gab, damit er für die vielen offiziellen Anlässe am Rande solcher Treffen auch immer mit der passenden Garderobe versorgt war. So sah man ihn auch in der Ferne immer tadellos gekleidet – in jeder Minute seines Auftretens ein perfekter Botschafter des Tierparks.

Im Mai 1989 nahm Dathe am 31. Internationalen Symposium über die Erkrankung der Zoo- und Wildtiere in Dortmund teil, wie üblich wurde diese Veranstaltung von ihm eröffnet. Für seine westdeutschen Kollegen eine schiere Selbstverständlichkeit, denn seine fachliche Autorität stand auch jenseits des Eisernen Vorhangs schon lange außer Frage. Vier Tage tauschten sich die Zooleute über ihre neuen Erkenntnisse aus, im Anschluss unternahmen sie eine Rundreise durch die Tiergärten Köln, Dortmund, Wuppertal, Duisburg, Bochum, Düsseldorf und schließlich West-Berlin. Dathe nutzte die Reise auch dazu, sich bei den Verantwortlichen für den Zoo von Hannover einzusetzen, der von massiven Streichungen bedroht war. Und das noch vor dem Mauerfall!

Wenn es um die Tiere ging, kannte Dathe keine Grenzen; billiger Triumph, wenn es der »Konkurrenz« schlecht ging, war ihm völlig fremd. »Immer und überall«, das war sein Motto, wenn es um die Verteidigung der Forschung und das Wohl der Zoos ging.

In Wien hielt Dathe beim Symposium Mensch-Tier-Umwelt einen Vortrag über »Erfolgreiche Erhaltungszuchten gefährdeter und seltener Tierarten im Tierpark Berlin«, sein Kurator für die Fische, Dr. Kormann, informierte dort über »Tiergärten und Naturschutz in Vietnam«.

Zweimal reiste Dathe in diesem Jahr nach Moskau. Im Juni hielt er anlässlich der Berlin-Woche ein öffentliches Forum zum Thema »Eine moderne Stadt muss einen Zoo haben« ab, im August besuchte er die Festveranstaltungen zum 125-jährigen Bestehen des Moskauer Zoos. Und auch da war er nicht nur Besucher: Als Repräsentant aller Tiergärten wurde er gebeten, eine Festrede zu halten. Wo Dathe auch hinkam, ob Ost oder West: Man ehrte und achtete ihn als einen der ganz großen Zoologen der Welt. Auf der Rückreise machte er dann noch in Tallinn Station, wo das 50-jährige Bestehen des Zoos gefeiert wurde. Er sprach dort »Über die neuen Ziele Zoologischer Gärten«.

Alle Reden bereitete er selbst vor, am Rand der anstrengenden Veranstaltungen knüpfte er neue Kontakte und frischte alte auf; sogar bei den geselligen Veranstaltungen im Rahmenprogramm solcher Treffen sah man ihn oft ins Fachgespräch vertieft. Nach der Rückkehr von solchen Reisen stieg er dann sofort wieder voll ins Tagesgeschäft des Tierparks ein. Er ließ sich haarklein berichten, was sich in seiner Abwesenheit zugetragen hatte und war in kürzester Zeit wieder auf dem aktuellen Stand, als ob er die Brücke nie verlassen hätte. Dathe war aber nicht nur selbst ein Vielreisender. Auch seine Leute schickte er so oft wie möglich zu internationalen Treffen und Kongressen. Er war der festen Überzeugung, dass der Blick über den Tellerrand eine wesentliche Voraussetzung für den Erfolg der Tierpark-Arbeit war. Es war diese Freiheit bei der Arbeit, die dafür sorgte, dass alle Reisenden des Tierparks immer wieder zurückkehrten und sich keiner ins Ausland absetzte.

Wer jetzt aber glaubt, dass sich Dathes Reisefreude aufs Ausland beschränkte, der irrt sich. Auch innerhalb der Grenzen der DDR waren er und seine Mitarbeiter ständig auf Achse. Dazu kamen noch zahlreiche Vorträge und

Führungen im Tierpark, Auftritte in Funk und Fernsehen, die Beantwortung der Anfragen von Tierfreunden aus Berlin und der gesamten DDR, Beratungen zum Tier- und Umweltschutz.

Dathe und sein Stab kamen so in diesem Jahr auf 128 wissenschaftliche und populärwissenschaftliche Arbeiten, 252 Vorlesungen und Vorträge, 1 710 Führungen, 165 Rundfunksendungen, 43 Fernsehsendungen, 361 Beratungen fürs Fernsehen und Filmproduktionen, 3 699 wissenschaftliche und populärwissenschaftliche Beratungen, 3 709 sonstige Beratungen und 62 Presseveröffentlichungen.

Und doch ist damit wenig gesagt über die Bedeutung des Tierparks über die Grenzen der Zoologie hinaus. Denn wer so viel über die Tiere weiß, lernt dabei auch viel über den Menschen. Um dieses Wissen besonders für die Medizinforschung nutzen und erweitern zu können, stand der Tierpark in enger Kooperation mit zahlreichen anderen Forschungseinrichtungen, unter anderem dem Büro für Arzneimittelversorgung der DDR, dem Zentralinstitut für Herz-, Kreislauf- und Regulationsforschung der Akademie der Wissenschaften, dem Institut für Krebsforschung, dem Institut für Wirkstoffforschung der Akademie der Wissenschaften und der Unfallpoliklinik des Krankenhauses Berlin Friedrichshain. In ständigem Austausch stand der Tierpark selbstverständlich auch mit allen wichtigen Einrichtungen, die sich mit Tiergesundheit, Parasitenbekämpfung und Umweltschutz befassten.

Im letzten Punkt sah Dathe mit steigendem Alter zunehmend eine der Hauptaufgaben des Tierparks in der Bildungs- und Jugendarbeit und für gezielte Aktionen auch außerhalb des Tierparks. So betreute der Tierpark 1989 ganz selbstverständlich das Wisentreservat Damerower Werder, wo in diesem Jahr das 100. Kalb geboren wurde. Unterstützung gab es außerdem bei der Betreuung der

Fjällrinderherde, die im Naturschutzgebiet »Ostufer der Müritz« zur Landschaftspflege eingesetzt wurde. Mitarbeiter des Tierparks halfen bei der Beringung von Fledermäusen; Eier des Wanderfalken und Schreiadlers wurden im Tierpark zur späteren Auswilderung bebrütet, eine AG für Hummelschutz wurde gegründet.

552 Schulklassen wurden 1989 in der Tierpark-Schule unterrichtet und damit insgesamt rund 15 000 Kinder für den Umweltschutz begeistert. 106 Horterzieher nahmen an Weiterbildungsveranstaltungen teil, um später mit den Kindern allein auf Entdeckungsreise im Tierpark gehen zu können.

Besonders stolz war Dathe auf die Arbeit des Jugendklubs im Tierpark, in dem sich mehr als 300 Kinder und Jugendliche dauerhaft mit Themen der Zoologie und des Umweltschutzes befassten. 1962 hatte Dathe ihn gegründet und damit eine der Grundlagen für die immer stärker werdende Umweltbewegung in der DDR gelegt. 1989 wurden insgesamt 458 Klubveranstaltungen durchgeführt. Die Kinder übernahmen dabei auch ganz praktische Schutzmaßnahmen zur Erhaltung einheimischer Orchideen, zahlreicher Weiden und seltener Gräserarten. Aber auch im Vogelschutz waren sie unermüdlich tätig. Jugendweiheteilnehmer pflanzten Bäume im Tierpark, am Kindertag durfte eine Schule zwei Bärenbabys taufen. Dathe nutzte jedes Mittel, um die Kinder mit dem Tierpark-Fieber anzustecken. Ihre Neugierde, ihre Begeisterungsfähigkeit, ihre unbefangene und unbegrenzte Liebe zu den Tieren waren für ihn Antrieb und Verpflichtung. Weil er auch im hohen Alter noch weit vorausdachte, eine bessere Zukunft für bedrohte Tiere und die Umwelt gestalten wollte, setzte er sein ganzes Vertrauen in die Kinder. Wenn nicht sie, wer dann? Und wenn nicht im Tierpark, wo sonst sollten sie das Rüstzeug für diese Mammutaufgabe erhalten? Und

Dathe konnte sie wie kein Zweiter begeistern. Ganze Generationen waren mit seinem Bild aufgewachsen, mit seiner Stimme, die so wunderbar erklären, so spannend erzählen konnte. Ihm glaubten sie, diesem Mann mit der großen Brille, ihm eiferten sie nach, und sei es nur, damit sie selbst einmal so viele Tierbabys wie er im Arm halten durften. Dathe war für diese Kinder netter Onkel und später lieber Opa, in erster Linie aber war er für sie der Vater der Tiere.

Kapitel 10:
Der Lebenskünstler

Dathe, der Lebenssammler. Dathe, der Wissensprediger.
Er wollte die Herzen ansprechen und den Verstand erreichen. Er wollte, dass die Menschen sich mit allen Sinnen
auf die Begegnung mit den Tieren einließen. Denn in der
Begegnung mit Tieren würde jeder einmalige Einblicke
in sein eigenes Wesen gewinnen und neue Seiten an sich
selbst entdecken. Und da für Dathe zum Menschsein auch
ein Empfinden für Schönheit, für Kreativität und ganz
allgemein Kunst und Kultur gehörte, war es für ihn eine
Selbstverständlichkeit, dass der Tierpark auch dafür viele
Anregungen bot. Dass Dathe sich dabei aber auch persönlich in einem so hohen Maß einbrachte, ist für einen
ausgewiesenen Naturwissenschaftler mehr als erstaunlich.
Ihm war es ernst damit, dass der Tierpark auch eine kulturelle Einrichtung sein sollte. Wo, wenn nicht im Tierpark, konnte man so viele Millionen Menschen, die sonst
vielleicht wenig Kontakt zu solchen Angeboten hatten, so
mühelos erreichen? Daher widmete sich Dathe neben seinen wissenschaftlichen Aufgaben und neben der Leitung
der eigentlichen Tierpark-Arbeit intensiv der künstlerischen Ausgestaltung der Anlage.

Schon vor der Eröffnung des Tierparks fahndete er nach
Skulpturen, die einmal ihren Platz im Park finden sollten.
Hauptsächlich ging es dabei um Tierplastiken, denn die
Besucher sollten die Tiere im Wortsinne auch »begreifen«
können. Aber Dathes Interesse reichte noch weiter. Und

wie in allen anderen Dingen packte er eine günstige Gelegenheit sofort beim Schopf, ohne dabei langfristige Planungen zu vernachlässigen. Bestes Beispiel dafür sind die vier überdimensionalen Löwen, die sich heute am Alfred-Brehm-Haus befinden. Sie stammen von den berühmten Künstlern August Gaul und August Kraus und bewachten einst das Kaiser-Friedrich-Nationaldenkmal gegenüber dem Berliner Stadtschloss. Das Denkmal wurde 1950 bis auf den Sockel abgetragen, die Löwen in ein Depot auf der Museumsinsel weggesperrt. Diese imposanten Skulpturen musste Dathe haben! Im November 1954 meldete er seine Ansprüche an. Bereits damals wusste er, wo sie eines Tages stehen würden, natürlich vor dem großen Raubtierhaus, das aber erst eines fernen Tages entstehen sollte. Doch die Löwen hatte er einmal im eigenen Tierpark-Depot. Und er freute sich schon darauf, sie dereinst hervorzaubern zu können, um sie am einzig richtigen Platz zeigen zu können.

Zehn Jahre später war es so weit: Die Löwen bezogen ihre Plätze am Alfred-Brehm-Haus, wo sie bis heute von der planerischen Weitsicht Dathes Zeugnis ablegen. Über 100 Skulpturen kamen im Laufe der Jahre zusammen, viele wurden eigens für den Tierpark von namhaften Künstlern angefertigt, mit denen Dathe in engem Kontakt stand. Ein besonderer Blickfang sind immer noch die lebensgroßen Figuren »Röhrender Riesenhirsch« und »Säbelzahntiger« von Erich Oehme. Dathes Sinn für Schönheit sorgte aber auch dafür, dass wundervolle weibliche Akte im Tierpark aufgestellt wurden. Im Lichterspiel der wechselnden Jahreszeiten entfaltet diese künstlerische Ausstattung des Tierparks eine nahezu magische Wirkung.

Das größte kunsthistorische Erbe Dathes ist zweifellos das Schloss Friedrichsfelde, das ohne Dathes Einsatz und den Erfolg des Tierparks wahrscheinlich abgerissen worden wäre. So aber wurde es zu einem Baudenkmal ersten Ranges, das den Tierpark bis heute nicht nur schmückt, sondern fest einbindet in die Kulturgeschichte der Stadt.

Dathe hatte ja anfangs gestöhnt über den furchtbaren Zustand des Hauses, und in Wahrheit war das Gebäude eigentlich nicht einmal dafür geeignet, als Notunterkunft für Tiere genutzt zu werden. Dass im Keller die Schlachterei untergebracht war, sprach ja schon für sich, aber da hatte es auch bereits über 250 bewegte Jahre hinter sich. Erbaut wurde es 1695 als Schloss Rosenfels, danach wurde es immer wieder umgebaut und erweitert, bis 1812 die Familie von Treskow einzog. Nach dem Zweiten Weltkrieg wurde das Adelsgeschlecht enteignet, der letzte Bewohner derer von Treskow soll mit einer Schubkarre aus dem Schloss expediert worden sein.

Aus dem Dornröschenschlaf erwachte das Haus dann mit dem Beginn der Arbeiten am Tierpark, besser wurde die Bausubstanz von dem tierischen Treiben nicht. Bald wurde das Schloss endgültig dichtgemacht, es war einfach zu baufällig geworden, der Schwamm steckte in dem alten Gemäuer. Die Westpresse wetzte schon die Messer für eine sicher geglaubte erneute kulturelle Barbarei im Ostteil der Stadt – sie hatten die Rechnung aber ohne den Hauptakteur gemacht. Dathe hatte den Tierpark von Anfang an als ein Gesamtkunstwerk geplant. Sein Ehrgeiz ging so weit, dass die historischen Gartenanlagen samt Schloss vom Erhaltungszustand her keinen Vergleich mit Sanssouci zu scheuen brauchten. Im Tierpark sollten Gartenkunst, Kulturgeschichte und Naturerbe eine Verbindung eingehen, die es so auf der Welt noch nicht gab. 1969 wurde dann tatsächlich mit der Renovierung des Schlosses begonnen. Es dauerte lange, bis das Haus schließlich wieder eröffnet werden konnte. 1981 war Schloss Friedrichsfelde wieder für die Öffentlichkeit zugänglich, und natürlich erfüllte Dathe es sofort mit Leben. In seinem letzten Rechenschaftsbericht für das Jahr 1989 konnte er auf 147 Konzerte mit über 10 000 Besuchern verweisen, die im Schloss stattfanden, dazu kamen 18 literarisch-musikalische Veranstaltungen, elf Vorträge zur Berlin-Geschichte, elf Schriftstellerlesungen, neun Tierpark-Vorträge und 794 Führungen. Insgesamt über 1 000 Veranstaltungen mit rund 29 000 Besuchern. Was Dathe anfasste, gelang! Als sich nach der Vereinigung Deutschlands abzeichnete, dass der Tierpark unter anderen Rahmenbedingungen würde wirtschaften müssen, war ihm sofort klar: »Das Schloss werden sie uns wohl nehmen.« Die Veranstaltungen folgten keinem kommerziellen Interesse, sondern waren Teil des Pädagogik-Konzeptes des Tierparks und deshalb unter den neuen Verhältnissen kaum mehr finanzierbar. Letzten Endes konnten sie ihm das Schloss doch nicht nehmen. Es ist und bleibt untrennbar mit dem Namen Dathe verbunden, der ihm wieder neues Leben einhauchte. Noch in seinem letzten Jahr ließ er für das Nordparterre des Schlosses vier Sandsteinvasen und acht Skulpturen anfertigen.

Auch die Tierparkgärtnerei stand im Dienst der Kultur. Sie produzierte mehr als nur »Begleitgrün« für die Tieranlagen, sie sorgte auch für eine Annäherung an die historischen Vorbilder bei der Gestaltung des Schlossparks. Ihr Leistungsvermögen war enorm. In einem Jahr lieferte sie über 80 000 Frühjahrs- und Sommerblumen, 2 000 Bäume und Sträucher aus eigener Anzucht, 4 200 Bodendecker.

Das ganze Jahr über fanden im Tierpark selbst auch noch Konzerte (1989 waren es 47) und weitere kulturelle Veranstaltungen statt. Höhepunkt war das jährliche Tierparkfest im Sommer, 1989 kamen dazu rund 140 000 Besucher, die sich an 35 verschiedenen Veranstaltungen erfreuten. Ein weiterer gesellschaftlicher Höhepunkt war alljährlich der Tierparkball.

Kapitel 11

Dathe privat

Ein Mann der Öffentlichkeit und der einsamen Studien, ein PR-Genie und Wissenschaftler, balancierend zwischen politischen Vereinnahmungsversuchen und dem Kampf um Unabhängigkeit für seine Institution, ein Vielreisender und Stuben-Gelehrter, ein Gefangener des Telefons, das jeden Tag eine neue Krise verkünden konnte, ein Büro im Auge des Hurrikans und ein Mann am Schreibtisch, der selbst zum Orkan werden konnte, der einen Arbeitssturm entfachte, der einmalige Ergebnisse erbrachte. Blieb da überhaupt noch Platz für einen privaten Dathe, gab es ein Leben jenseits der Pflicht und der ständigen Sorge um 450 Mitarbeiter und fast 10000 Tiere?

Dathe hatte das große Glück, und so empfand er es auch, dass er keine zwei Leben in einem führen musste, dass er niemals gezwungen war, erst zum Feierabend, am Wochenende oder in den kurzen Urlauben seine wahre Bestimmung zu entdecken. Er war kein Workaholic, dem die Arbeit zur Sucht und der Erfolg zur Droge wurde, er war aber weder durch Erziehung noch Erfahrung dazu bestimmt, sein wahres Wesen erst in privater Abgeschiedenheit zu suchen. Sein ganzes Leben war darauf ausgerichtet, möglichst viel von der ihn umgebenden Welt zu erfassen. Schon in früher Jugend schärfte er seine Augen und Ohren und ganz besonders seinen Verstand, um den Kosmos um sich herum zu entdecken. So viel tat sich da vor ihm auf, so sehr faszinierte ihn das Gesehene, Gelesene und Gelernte, dass es mit unbändiger Macht aus ihm heraussprudelte, dass es der große Antrieb seines Lebens wurde, diese Erfüllung, die er bei seinen Entdeckungen empfand, zu teilen und weiterzugeben.

So betrachtet gab es keinen privaten Dathe, denn diesen Teil seines Wesens konnte und wollte er niemals abschalten, er wäre nicht mehr er selbst gewesen.

Wohl aber gab es den Familienvater Dathe, den liebenden Ehemann, den leidenschaftlichen Tänzer, den Mann, der sich gerne eine Bockwurst schmecken ließ, der seinen Morgenkaffee liebte und abends auf der Couch ohne Jackett lümmelte – wenn auch stets mit einem Manuskript in der Hand. Er war auch in den privatesten Bereichen immer noch der Tierpark-Dathe – für seine Frau genau wie die Kinder; er machte also weder der Öffentlichkeit noch seiner Familie noch seiner großen Tierpark-Familie etwas vor. Dathe war der Tierpark, und doch war er noch mehr: ein loyaler, liebevoller Ehemann.

Stürmische Leidenschaft durfte man von ihm allerdings nicht erwarten. Schon als Jugendlicher waren ihm die dramatischen Aspekte im zwischenmenschlichen Bereich suspekt. Amouröse Protzereien unter den Heranwachsenden fanden in ihm keinen Zuhörer, da ging er lieber auf seine Entdeckungstouren. Und das große Aufheben, das manche Altersgenossen um ihre Bekanntschaften machten, fand er einfach nur peinlich. So wie er sich nichts aus grölenden Saufgelagen machte, so jagte er auch nicht irgendwelchen Liebeleien hinterher. Sein Leben war strebsam, ernst, schon früh geprägt von Disziplin. Heute würde man dafür vielleicht vorschnell als Sonderling bezeichnet, zu seiner Zeit mit ihren rigideren Vorstellungen von Moral und Sittlichkeit aber bildete er keine bemerkenswerte Ausnahme. Er wartete einfach: auf die Richtige und auf das, was das Leben noch bringen würde. Ganz pragmatisch und unaufgeregt. Er hatte den Kopf ja auch voll mit anderen Dingen, die ihn erst einmal ausfüllten.

Da konnte seine Mutter ruhig ungeduldig werden, sogar fordern: »Junge, such dir beizeiten eine passende Frau, mich hast du nicht immer.« Aber Dathe, schon in den Zwanzigern, ließ sich nicht drängen. Ohne echte Leidenschaft sah man ihn dann bald doch an der Seite eines Fräuleins aus Leipzig, vielleicht war er da als studierter Zoologe und Verhaltensforscher auch schon zu sehr darauf bedacht, sein eigenes Verhalten zu kontrollieren und sich nicht durch zu großen Überschwang vor sich selbst lächerlich zu machen. Die Beziehung plätscherte vor sich hin, dann kam auch schon der Krieg, die Freundin drängte auf schnelle Hochzeit, wie es damals oft geschah, und wäre Dathe nicht verwundet worden, vielleicht hätte er dann die falsche Frau geheiratet, wie er viel später gestand. So aber landete er 1940 nach mehreren Lazarettstationen in Bad Elster, wo ihn morgens um fünf das rollende Rrrr einer Krankenschwester weckte – einer jungen Krankenschwester, einer schönen Krankenschwester mit blauen Augen. Dathe schildert diese Szene hinreißend in seinen Lebenserinnerungen: »Therrrr-mometer bitte.« Das war die erste Begegnung mit seiner späteren Ehefrau Elisabeth, mit der er fast ein halbes glückliches Jahrhundert verbringen sollte.

Liebe auf den ersten Blick war aber auch das nicht. Elisabeth hatte sich schon zu viele Soldatensprüche anhören müssen, um auf die Frage nach der Herkunft dieses schönen Rrrs einzugehen. Da konnte Dathe später noch so sehr beteuern, dass sein Interesse rein linguistischer Natur gewesen sei. Sie kannte ihre Pappenheimer in den Krankenbetten, für die jede Schwester in erster Linie das war, was sie im Krieg so lange vermisst hatten: eine Frau! Dass Dathe anders war, sollte sie erst später merken.

Dathe wurde jedenfalls schon bald nach Dresden verlegt, aber erstklassig erzogen wie er war, schrieb er von dort an seine behandelnden Ärzte und die Schwestern freundliche Dankesbriefe für die gute Pflege in Bad Elster. Auch die »pfeffrige Pflegerin« Elisabeth wurde mit einem solchen Schreiben bedacht.

Dathe hatte nicht unbedingt mit einer Antwort gerechnet – aber als sie dann kam, schrieb er erfreut zurück. Briefe voller Witz und Wärme gingen bald hin und her, schon bald verging kein Tag mehr ohne neckische Post.

Endlich kam es zu einem persönlichen Treffen in Leipzig, wohin Dathe mittlerweile versetzt worden war. Dathe, diszipliniert und pragmatisch wie immer, machte weder sich noch ihr zu große Hoffnungen auf den Beginn einer stürmischen Liebe. Man müsse sehen, ob man sich persönlich so nahe sei wie in den Briefen, ansonsten würde man ohne verletzte Gefühle wieder Abschied nehmen.

Diese Begegnung verlief zunächst recht angespannt, und dann schleppte Dathe seine Elisabeth auch noch mit auf eine Exkursion durch eine lehmige Landschaft, die er natürlich über alles liebte, weil es dort so tolle Vögel gab. Aber eine Frau? Elisabeth war keine Ornithologin, und romantisch war das nicht gerade. Wenigstens lernte sie ihn dadurch gleich von seiner wahren Seite kennen und bekam keinen klebrigen Kitsch, sondern eine Lehmlache serviert.

Sie folgte ihm tapfer, auch Brennesseln konnten Elisabeth nicht schrecken. Irgendwie sprang in dieser Lehm-Pampa der Funke tatsächlich über. Und als er sie dann zu ihrem Hotel bringen wollte, fielen sie sich in die Arme. »Die glücklichste Fügung meines Lebens«, sagte er später oft.

Zu diesem Zeitpunkt hatte er seine bisherige Freundin schon taktvoll verabschiedet – freie Bahn also für alles, was da noch kommen sollte.

Es war, recht bald, eine Hochzeit – mitten im Krieg. Verlobung Ostern 1943, der Fall von Stalingrad kurz zuvor hatte den meisten Deutschen klargemacht, dass dieser Krieg auch verloren gehen könnte. 700 000 Tote an der Wolga ließen jeden jungen Mann ahnen, dass auf ihn ein schnelles grausames Ende auf einem der neuen Schlachtfelder warten könnte. Auch Dathe plante nicht für die Ewigkeit, sondern bezog sein eigenes mögliches Ende kühl in seine Überlegungen ein. Er heiratete dann trotzdem, am 2. August 1943 in der Schule von Untergettengrün, die sein Schwiegervater leitete. Es war ein schönes Fest und das erste und letzte Mal, dass sich beide Familien vollzählig trafen.

Sogar eine Hochzeitsreise gab es, es ging nach Prerow an die Ostsee, wo das Paar noch viele gemeinsame Urlaube verbringen sollte. Seine Frau, Dathe nannte sie inzwischen zärtlich Li, war noch nie zuvor an der Küste gewesen, ließ sich aber von Dathes Begeisterung sofort anstecken – und auch von seiner Liebe zu den Seevögeln.

Es waren die letzten schönen Tage, bevor der Krieg auch das Leben dieses Paares ins Chaos stürzte. Dathe blieb bei seinem Regiment in Leipzig, wo die Luftangriffe immer bedrohlicher wurden, seine junge Frau wusste er im sicheren Reichenbach. Von der Geburt seines ersten Kindes erfuhr er also nur durch ein Telegramm: Tochter Almut wurde im April 1944 geboren.

Das zweite Kind, Sohn Holger, kam im Juni 1945 auf die Welt, als Dathe schon in Kriegsgefangenschaft in Italien war.

Er hatte seine schwangere Frau in der relativen Sicherheit seiner vogtländischen Heimat zurücklassen müssen, als auch er noch in Marsch gesetzt wurde, um den verlorenen Krieg zu verlängern. Die Sorge und Ungewissheit setzten ihm in der Fremde schwer zu. Dass viele Kamera-

den in der Gefangenschaft ihre Familien so schnell verga-
ßen, konnte er, der mit seinen Gedanken so oft bei seinen
Lieben war, nicht verstehen. Fassungslos wurde er Zeuge,
wie in das Gefangenenlager in Latrinentonnen sogar Pros-
tituierte geschmuggelt wurden. Er, der sonst ein gelassener
Beobachter auch der kuriosesten tierischen Verhaltensweisen war, konnte bei diesem animalischen Treiben der
Menschen seine Abneigung nur schwer verbergen. Er war
da aus ganz anderem Holz geschnitzt – und treu wie Gold.
Wie seine Frau sich während seiner Abwesenheit durch-
schlug und für die zwei Kinder sorgte, erfüllte Dathe bis
ans Ende seiner Tage mit Bewunderung und Dankbarkeit.
Bis zu Elisabeths plötzlichem Tod 1987 sollte er ihr immer
wieder kurze Liebesbotschaften, aber auch lange zärtliche
Briefe schreiben. Immer wieder bedachte er sie mit Blumen; das enge Band, das durch die Trennung und die folgenden schweren Nachkriegsjahre geknüpft worden war,
sollte bis zu ihrem Tod halten. Denn mit der Gefangenschaft war die Zeit der Prüfung ja noch nicht vorbei. Als
Dathe endlich wieder in Leipzig und die Familie vereint
war, begann ja nicht das große Glück, sondern eine Phase
größter Not und Zukunftsangst. Kein Geld, keine Perspektive, immer wieder sogar Hunger – und dazu noch
zwei kleine Kinder. Dabei hatten sie noch nicht einmal
miteinander getanzt! Trotzdem, so erinnerte Dathe sich,
hörte er von seiner Frau nie einen Ton der Klage, nicht
den leisesten Vorwurf.

Selbstsüchtigere Menschen wären da unzufrieden gewesen, aber Elisabeth stand ohne Wenn und Aber an der Seite
ihres Mannes. Sie hatten unbedingtes Vertrauen zueinan-
der, und die Zeiten sollten tatsächlich bald besser werden.
Dathes Rückkehr in den Leipziger Zoo 1950 markierte die
Wende für das Paar, 1951 wurde dann das dritte Kind Falk
geboren.

Dass Dathe wie ein Verrückter arbeitete, um wieder schnell Fuß zu fassen und aufzuholen, was er verpasst hatte, konnte seine Frau ebenso wenig verdrießen wie der Wechsel nach Berlin, obwohl sie sich in Leipzig so wohl gefühlt hatte. Ob es für die Kinder aber auch so war? Nach eigenem Bekunden empfanden sie das Band zwischen ihren Eltern als so eng, dass sie selbst in diesem innersten Kreis der Familie keinen Platz hatten. Sie schildern das ohne Vorwurf, ohne Anklage, einfach als Situationsbeschreibung dieser so außerordentlich innigen Beziehung ihrer Eltern, trotzdem bleibt die Feststellung, dass sie sich offensichtlich bisweilen »außen vor« fühlten.

Denn sie konnten nicht sein, was Elisabeth immer mehr für Dathe wurde. Partnerin, Ratgeberin, Assistentin, stete Begleiterin auf seinem Berufsweg und auf seinen Reisen – und seine allerliebste Tanzpartnerin. Denn das wurde überraschenderweise eine seiner Leidenschaften. Er, der doch früher so unmusikalisch war, wurde ein begeisterter Tänzer, der es sich nicht nehmen ließ, auf jedem Tierparkball den Eröffnungstanz zu bestreiten. Und nicht nur den.

Andere Vergnügungen?

Er rauchte nicht und trank nur zu ganz besonderen Anlässen ein Gläschen Wein, eine Bockwurst war ihm lieber als ein extravagantes Gericht, daraus machte er sich nichts. Womit man ihm eine Freude machen konnte, waren Speisen aus seiner vogtländischen Heimat.

Stolz machte es ihn, dass seine Söhne so erfolgreich in seine Fußstapfen treten sollten, ganz anders als so viele andere Kinder, die einen großen Namen tragen. Beide wurden hochgeachtete Zoologen, die Tochter Humanmedizinerin. Sohn Falk ist immer noch beim Tierpark tätig, der ältere Holger ist seit 1993 Leiter des Deutschen Entomologischen Instituts.

Und Urlaub? Da sah man ihn, mit Fernglas und Spektiv

bewaffnet, auf den Spuren seiner geliebten Vögel. Auch in seinem letzten Sommer 1990, als er ein Vogelschutzgebiet auf Mallorca erkundete.

Richtig kennengelernt haben Kollegen und Freunde und vielleicht sogar seine Kinder einen privaten Dathe erst 1987 nach dem plötzlichen Tod seiner Frau. Da wurde allen bewusst, dass es ihn doch gab, den Mann, der noch ein Leben außerhalb des Tierparks geführt hatte, der jetzt furchtbar unter der Einsamkeit litt. Elisabeth war immer sein Schatten gewesen, nie in den Vordergrund getreten. So sahen alle immer nur den omnipräsenten Tierpark-Direktor, der scheinbar keinen anderen Lebensinhalt kannte. Mit Elisabeths Tod und dem Schmerz, der Dathe danach erfüllte, wurde seine andere Seite sichtbar.

Dass er darüber dann doch hinwegkam, dass er mit einer anderen Elisabeth noch einmal eine innige Beziehung aufbauen konnte, die ihm wieder die Kraft gab, seiner Berufung zu folgen, freute alle, die ihm wirklich nahestanden.

Es war keineswegs so, dass er sich aus diesem Rückhalt nur einseitig die Energie holte, die er für seine Arbeit brauchte, vielmehr setzte diese Partnerschaft, wie schon in seiner ersten Ehe, Energien in beide Richtungen frei. Der Lebensmut, der ihm privat wieder geschenkt wurde, sorgte dafür, dass er im Tierpark wieder offen für alles Neue und Lebendige wurde, und was er dabei empfing, nahm er dann wieder mit nach Hause. So erlebten die Menschen noch einmal einen Dathe, der sie faszinierte und inspirierte. Betagt, aber mit funkelndem Humor, blitzendem Verstand und voller Leidenschaft für das Leben.

Dass es seine Liebe zu den Tieren war, besonders zu den Vögeln, die seine ganze Existenz beflügelte und ihn letztlich auch seiner neuen Liebe näherbrachte, schließt dabei den Kreis, der sein Wesen und seine Berufung ausmachte.

Der private Dathe – das war eben auch der Tierparkdirektor. Und der Tierparkdirektor war 100 Prozent Dathe. Anders wäre es nicht gegangen. Nur so lässt sich sein unglaubliches Werk erklären.

Kapitel 12

Dathes letzter Kampf

1990: Zwei Länder, die bald nur noch eines sind, im Aus-
nahmezustand. Aufbruchstimmung, Jubelreden, Fahnen-
meere: Wir sind das Volk, wir sind ein Volk, Westmark
für alle – dann am 3. Oktober die großen Einheitsfeiern.
Angst und Schrecken dagegen im Tierpark, und das nicht
nur, weil der Donner der Einheitsfeuerwerke beängstigend
durch den Park grollte. Personal blieb einfach weg wie in
schlimmsten Anfangszeiten, und mit der Währungsunion
waren die Futterkosten explodiert. Trotzdem: Der Park
funktionierte immer noch wie ein Uhrwerk. Zuverlässig
wurden 10 000 hungrige Mäuler gestopft, die Führungen
fanden wie gewohnt statt, die wissenschaftliche Arbeit
ging weiter. Nach 35 Jahren Aufbauarbeit war ein inneres
Team entstanden, das auch die größte politische Erschüt-
terung nicht aus dem täglichen Rhythmus von Morgen-
runde bis Nachtwache reißen konnte. Mochte die Welt
draußen besser oder komplizierter werden, im Tierpark
würde alles, auch unter den neuen Vorzeichen, weiter seinen gewohnten Gang gehen. Vielleicht, ja vielleicht könnte
man sogar noch einmal einen großen Sprung nach vorne
machen. Heinrich Dathe war 79 Jahre alt, der Nestor der
deutschen Zoologie, der ewige Direktor, aber immer noch
geistig hochbeweglich und begierig darauf, die Chancen
zu nutzen, die die Einheit bringen mochte.

Immerhin war der Tierpark die wohl schönste Mitgift,
die die untergehende DDR mit in den neuen deutschen

Staat bringen würde. Mit den finanziellen Möglichkeiten aus dem Westen, in einer neuen Welt ohne Ost und West, könnten vielleicht endlich Pläne realisiert werden, die schon lange in den Schubladen warteten. Heinrich Dathe war bereit und voller Tatendrang. Wenn im Tierpark das Beste aus beiden Welten zusammenkam, könnte er ein Leuchtturm mit weltweiter Ausstrahlung werden. Und tatsächlich beneideten ihn Zoologen aus vielen Ländern um die Möglichkeiten, die er jetzt zweifellos haben würde. Wenn Deutschland der Welt zeigen wollte, dass es seine neue Größe einsetzen würde, um die Welt ein wenig schöner, grüner und besser zu machen: Hier konnte es anfangen und damit gleich zu Beginn seiner Existenz einen Glanzpunkt setzen. Von Berlin konnten Entwicklungen ausgehen, die positive Auswirkungen auf bedrohte Tierarten auf allen Kontinenten haben könnten. So viele Möglichkeiten. So viele Chancen!

Aber dann kam alles ganz anders. Es begann eine Entwicklung, die Dathe schon 35 Jahre zuvor befürchtet und ihr mit allen Mitteln entgegengearbeitet hatte. Die Politik griff nach dem Tierpark. Der Zerschlagungswahn der Nachwendezeit machte nicht einmal vor seinen Toren halt, wo jede kleine Störung einen ganzen wunderbaren Organismus beschädigen konnte. Der Lebensschatz zählte nicht, wenn es ums Geld ging – oder darum, die DDR in möglichst allen Bereichen abzuwickeln.

Jedenfalls wurde von der Politik schon sehr schnell laut darüber nachgedacht, dass es doch im Westteil schon den wunderschönen Zoo gebe. Wofür brauche eine Stadt wie Berlin gleich zwei solcher Einrichtungen? Das war natürlich Unfug, die Profis vom Zoo wussten ganz genau, dass hier zwei völlig unterschiedliche Konzepte verfolgt wurden, die sich wunderbar ergänzten. Aber diese Fakten zählten plötzlich nicht mehr. Eines war aber klar: Solange

Dathe an seinem Platz blieb, konnte man den Tierpark nicht antasten. Sein Rückhalt in der Bevölkerung war gewaltig, sein Ruf untadelig. Wer sich mit ihm anlegte, hatte Millionen gegen sich.

Musste Dathe deshalb weg? Oder waren es tatsächlich nur regelwütige Bürokraten, die ohne Herz und Verstand auch noch ihren kleinsten Paragraphen exekutieren wollten? Im schäbigen Ergebnis bleibt es sich gleich. Dathe sollte seinen Posten räumen. In den Tiefen des Einigungsvertrags hatte ein Jurist den Fallstrick gelegt: Personen über 60 Jahren durften nicht in den öffentlichen Dienst des neuen Landes übernommen werden. Im Lichtenberger Rathaus wollte man diese Bestimmung nun auf Dathe anwenden.

Aber nicht mit ihm! Dathe hatte einen gültigen Vertrag auf Lebenszeit, und er hatte Verantwortung für seine Leute. Wo ganze Industrien abgewickelt und die Mitarbeiter nach Hause geschickt wurden, wollte er seine Popularität nutzen, um zu retten, was zu retten war.

Am 7. November 1990 feierte Dathe seinen 80. Geburtstag, und die Reden – auch der anwesenden Politiker – waren so schön und voll des Lobes, dass man wieder Hoffnung schöpfen konnte. Niemand hatte die Absicht, einen Tierpark zu schließen, hieß es. Gelernte Ost-Bürger wussten, was sie von solchen Versicherungen zu halten hatten. So rechneten viele auch nicht damit, dass die schönen Reden tatsächlich ehrlich gemeint waren.

Am 7. Dezember bestätigte sich dann die Befürchtung. Auf Dathes Schreibtisch landete ein unsäglicher Brief, das bitterste Schriftstück seiner langen Karriere. Als Tierpark-Chef gingen jährlich rund 14 000 Dokumente durch seine Hände, aber auf so einen Brief hatte ihn nichts vorbereitet. Die Zwangspensionierung! In dem Schreiben, abgestempelt vom Büro des Kulturstadtrats Lichtenberg, hieß es:

»Angesichts der jetzt rasch zu vollziehenden Überführung des Tierparks in eine neue Rechtsträgerschaft scheint es uns unumgänglich, mit der Bewältigung der damit verbundenen Probleme eine jüngere Persönlichkeit zu betrauen, um Ihnen zusätzliche Belastungen zu ersparen. Sie werden daher am Montag, 10. Dezember, Ihre Amtsgeschäfte übergeben.« Der gemeine Angriff auf sein Lebenswerk wurde also noch dreist als Gnadenakt verkauft! Aber Dathe wusste, woher der Wind wehte. »Ich glaube, dass im Hintergrund Kräfte am Werk waren, die alles beseitigen wollten, was gut an der DDR war. Kahlschlag!«

Wenn es wirklich nur darum gegangen wäre, den alten Mann nicht mit zu viel Arbeit zu überhäufen, dann hätte man ihn auch nicht einfach abschieben müssen, zumal er nicht an seinem Sessel klebte. »Ist doch klar, dass ich mit meinen 80 Jahren nicht an meinem Stuhl festhalte«, sagte er. Aber den Übergang wollte er noch begleiten. Es hätte viele Möglichkeiten dafür gegeben. Man hätte Dathe in einem Beirat den Vorsitz geben können, eine Kommission gründen, ihn zum Ehrendirektor machen können. In der Politik herrscht sonst viel Erfindungsgeist, wenn es darum geht, ehrenvolle Posten zu ersinnen, mit denen man sich Einfluss und Einkommen erhält. Dathe hätte sich damit sogar anfreunden können, solange es dem Tierpark gut ging. Er hatte schon Überlegungen angestellt, wie der Tierpark in eine GmbH überführt werden könnte, und er führte persönlich Gespräche mit möglichen Sponsoren. Aber darum ging es nicht mehr.

Die neuen Herren wollten freie Hand für ihre eigenen Pläne haben, da störte der legendäre Gründer anscheinend. Also weg mit ihm. Und zwar richtig. Der Gipfel der Niedertracht fand sich im letzten Satz des Schreibens: »Leider müssen wir Sie auch anweisen, bis Ende des Monats Ihre Dienstwohnung zu räumen.«

Seit 1956 hatte Dathe in dieser Wohnung auf dem Tierpark-Gelände gelebt. Aber was heißt da Wohnung. Es war eine Mischung aus Museum, Gelehrtenstube und Management-Zentrale, das Herz des Tierparks, der Ausguck und Hochsitz des Machers, seine Basis, sein Leben. Angefüllt mit tausenden Büchern und noch mehr wundervollen Erinnerungen. Und jetzt warfen sie den 80-jährigen einfach raus – nach allem, was er hier geleistet hatte. Mit einer Kündigungsfrist, die an Unverschämtheit nicht zu überbieten war. Wie kaltherzig muss man sein, um sich so etwas auszudenken?

Aber es sollte funktionieren. Etwas in Dathe war zerbrochen. Er schickte zwar noch seine Anwälte ins Rennen, die Empörung in der Bevölkerung war enorm, Fachkollegen protestierten heftig gegen diese Behandlung. Doch seine Kraft, sein Optimismus und seine Schaffensfreude waren dahin. Die Räumungsverordnung wurde dann zwar noch zurückgenommen, das war eigentlich kaum noch nötig. Dathe sollte den ursprünglichen Kündigungstermin nur um sechs Tage überziehen. Seine Lebensenergie schwand in dramatischer Geschwindigkeit, er starb am 6. Januar 1991, keinen Monat nach Erhalt des grausamen Kündigungsschreibens, drei Monate und drei Tage nach den Feiern der Einheit – an gebrochenem Herzen, sagten die, die ihn kannten. Es war ihnen ein Trost, dass er wenigstens nicht einsam und allein gehen musste. In seiner Todesstunde war die Frau bei ihm, die ihm im Alter noch einmal das wunderbare Geschenk einer harmonischen Partnerschaft gemacht hatte. Mit einem Buch des wundervollen Polit- und Bürokraten-Spötters Ephraim Kishon legte Dathe sich an seinem letzten Tag auf die Couch. Er hatte also wenigstens noch die Kraft, den Irrsinn der Menschen nicht mehr ernst zu nehmen. Er war müde, las aber noch ein wenig, dann schlief er ein und wachte nicht mehr auf. Vielleicht sah er beim letzten Blick aus dem Fenster sogar noch einen Vogel, während er lächelnd einschlief.

Wenigstens war es ihm vergönnt, inmitten des von ihm geschaffenen und so geliebten Paradieses zu sterben – umgeben von dem riesigen Lebensschatz, den er erschaffen hatte, in dem in jedem Winkel kostbare Erinnerungen steckten. Polit-Bürokraten mögen seinem Leben die Krönung verwehrt haben, das Glück, einfach nur betrachtend genießen zu dürfen, was er geschaffen hatte, sich auf die Ernte freuen zu dürfen, die kommende Generationen einbringen würden. Aber sie konnten diesem Leben nicht seinen Sinn rauben. Denn was da aufgebaut worden war, sollte auch gegen Widerstände Bestand haben und weiter wachsen. Es ist nicht pathetisch, wenn man sagt, dass Dathe noch im Tod seine Hand schützend über sein Werk hielt. Seine Beerdigung wurde nämlich zu einer gewaltigen Demonstration für den Erhalt seines grünen Erbes. Tausende Berliner strömten am 17. Januar zur Trauerfeier in Baumschulenweg. In den Tagen zuvor hatte es erbitterte Proteste gegen die Art und Weise gegeben, wie man diesen Mann aus dem Amt gejagt hatte und gegen jede Bestrebung, beim Tierpark zu streichen und zu kürzen oder ihn gar ganz zu schließen. Zoomitarbeiter, Berliner, Kinder – alle hatten eine klare Meinung zu dem Thema: Es war ein Skandal! Die größte Wendesauerei, die man sich nur denken konnte, ein Anschlag auf den Stolz der Menschen, ein Frevel an der Natur. Die Verantwortlichen merkten schnell, dass sie zu weit gegangen waren, dass sie unmöglich zerstören konnten, was hier von so vielen aufgebaut worden war.

Bei der Beerdigung waren dann alle stumm, aber man konnte spüren, wie die Gedanken vibrierten. Viel Trauer war da, aber auch Wut, Ohnmacht, abgrundtiefe Enttäuschung. Wohl selten hat Politik so leichtfertig die Chance verspielt zu integrieren und stattdessen einen neuen Graben aufgeworfen.

Es war dann an Pastor Werner Braune, die richtigen Worte in einer aufgeladenen Stimmung zu finden, per Lautsprecher wurde seine Stimme zu den stummen Menschen draußen übertragen, die da in der Kälte für ihren geliebten Professor Dathe ausharrten: »Im Zusammenhang mit dem Tod von Heinrich Dathe hat es Unruhe und Empörung gegeben. Nicht, dass einer mit 80 Jahren in den Ruhestand geht ..., sondern wie das passiert ist. Er hat sehr darunter gelitten. Da hat es viele Proteste gegeben und Solidaritätsbekundungen. Es ist hier nicht der Platz und die Stunde, das fortzusetzen. Es darf aber nicht sein, dass dieser Ärger am Ende des Lebens alles zuschüttet, was in jahrzehntelanger, treuer und begnadeter Arbeit wachsen konnte. Weil Heinrich Dathe so bekannt ist, darum ging es durch die Presse. Viele, die unter uns leben, machen ähnliche Erfahrungen mit solchen gedankenlosen Taktlosigkeiten. Es wäre im Sinn des Verstorbenen – sein Vermächtnis –, wenn diese ungute Erfahrung zum Anlass wird für ein Bemühen um einen menschlichen und kulturvollen Umgang miteinander.« Deutlicher kann ein Geistlicher nicht sagen, dass unmenschlich und kulturlos vorgegangen worden war. Und dann erklärte er, warum ein Kirchenmann sich so für den Tierpark begeistern kann: »Ahnen wir, wie viele Rentner hier immer wieder Einkehr gehalten haben, sich erfreut haben und Ruhe fanden? Wie viele Familien haben hier für ihre Kinder den Grundstein gelegt zur Ehrfurcht vor dem Lebendigen, wie viele haben Erkenntnisse und Wissen gewonnen, wie viele Menschen haben hier die Anfänge ökologischer Verantwortung gelernt, wie viele haben Neues erfahren, und wie viele haben hier während der Zeit der Mauer und der deutschen Trennung einen Treffpunkt für die Begegnung zerrissener Familien gefunden? Oft waren auch Gruppen von Behinderten im Tierpark und wurden freundlich geführt wie jeder andere auch. Das alles wollen wir hier nicht nacherzählen. Das alles aber hängt zusammen mit dem Leiter dieser Einrichtung und seinen Mitarbeitern. Und dafür sind wir ihm und all denen, die mitgezogen haben, dankbar.«

Dann setzte er zu einem machtvollen Plädoyer für den Erhalt des Tiergartens und anderer wertvoller Einrichtungen an: »Augenblicklich besteht der Hang, alles Mögliche abzuwickeln. Es ist ein Fehler, den Tierpark zu seinen Ungunsten zu verändern. Berlin ist groß genug, um ihn und weitere Stätten erhalten zu können. Aufgeregte Entscheidungen sind für die Zukunft nicht gut. Über Bord gehen würde nicht nur der Tierpark, sondern auch die Liebe der Bevölkerung unserer Stadt zu einer von Tausenden erbauten Einrichtung.«

Einige, die sich vielleicht endlich auch für das Vorgefallene schämten, müssen anscheinend gut zugehört haben, denn danach sollte keine Rede mehr von einer Schließung oder einem Kahlschlag im Tierpark sein. Er wurde schon bald in eine gemeinsame Trägergesellschaft mit dem Zoo überführt und existiert heute so, wie Dathe es schon zwei Tage vor der Eröffnung 1955 in einem großen Zeitungsartikel geradezu visionär beschrieben hatte: als logische Ergänzung des Zoos mit einem einzigartigen Konzept, das die beiden Einrichtungen gemeinsam erst so richtig stark macht. »Übermorgen ist es soweit. Und wenn nach der festlichen Eröffnung die Besucher das schattige Dunkelgrün der alten Parkbäume und das Hellgrün der sonnigen Baumwiesen durchwandern, werden sie spüren, was das Wort Tierpark im eigentlichen Sinne bedeutet: vollkommene Harmonie von Landschaft und Tier. Selbst die Umgebung des Watussi-Rindgeheges erweckt im Betrachter die Vorstellung afrikanischer Baumsteppen, und die Reh- und

Schwarzwildgehege scheinen in einem heimischen Laubwald errichtet worden zu sein. Von kaum einem anderen Tierpark wird man sagen können, dass Gartenkünstler aus drei Jahrhunderten zu seinem Entstehen beigetragen haben. Der berühmteste von ihnen ist Lenné. Sein Andenken wird durch den nach ihm benannten wiedererrichteten Lenné-Hügel bewahrt ... Freilich, es tauchten Zweifel auf, ob zwei ähnliche Anlagen in Berlin überhaupt nebeneinander existieren könnten. Diese Zweifel sind jedoch völlig unbegründet«, schrieb Dathe, was ihm auch viele Kollegen aus dem Ausland bestätigten. Wichtig sei nur, dass die Anlagen sich gegenseitig ergänzten. Und genau das sei der Fall: »In ihrer Struktur sind der Zoo und unser neuer Tierpark so unterschiedlich, dass eine Konkurrenz, die von niemandem gewünscht wird, von vornherein ausgeschlossen ist. Der altehrwürdige 100-jährige Zoo ist und bleibt ein Garten, während der Berliner Tierpark eben ein geräumiger Park mit ausgedehnten Tiergruppen sein soll.« Dathes Sicht sollte sich durchsetzen. Heute konzentriert sich die Tierparkleitung wieder ganz auf die ursprüngliche Stärke der Idee Dathes und entwickelte daraus dauerhafte Perspektiven für den Erhalt beider Anlagen. Hätten sie doch nur gleich auf ihn gehört.

Obwohl Dathe durch die Entwicklung ins Recht gesetzt wurde, sollte es noch lange dauern, bis die Stadt Berlin versuchte, die Schmach vergessen zu machen, die dem Vater der Tiere angetan worden war. Erst 2005, also 14 Jahre nach seinem Tod, wurde aus Anlass des 50-jährigen Bestehens des Tierparks offiziell des Mannes gedacht, der dieses Jubiläum überhaupt möglich gemacht hatte. Am 7. November, dem Geburtstag Dathes, wurde gegenüber vom Bärenschaufenster ein Platz nach ihm benannt. Außerdem trägt ein Gymnasium in Friedrichshain seinen Namen, und seine Büste hängt im Alfred-Brehm-Haus.

Was aber viel wichtiger ist: Immer noch begegnet man Dathe auf Schritt und Tritt im Tierpark, denn die ganze Anlage trägt noch seine Handschrift. Und dann sind da ja noch die Tiere. Manche haben die frühen Tage des Direktors selbst erlebt, wurden von ihm voller Freude in Empfang genommen und überdauerten dank bester Pflege bis heute, andere kurzlebigere Arten sind die Nachkommen der ersten Exemplare, die Dathe nach Berlin holte. Es ist sein Lebensschatz, den die ganze Stadt geerbt hat.

Kapitel 13

Dathes Erbe

Wer sich Dathes Erbe nähern will, hat keinen schweren Weg vor sich. Es gibt ja die U-Bahn und einen Bahnhof, der »Tierpark« heißt und wirklich leicht zu finden ist. Am besten ist es, den Eingang am Schloss zu nehmen. Da steht man sofort vor der Keimzelle des Tierparks, und wenn man die Ohren spitzt, hört man das, was Dathe 1954 dazu bewogen hat, hier seinen Traum von einem Paradies zu verwirklichen: ein herrliches Vogelkonzert. Es sind über 100 wildlebende Vogelarten, die den Tierpark bevölkern. Niemand hätte sich mehr gefreut als Dathe, dass seit damals und auch seit dem Ende seiner Amtszeit einige Arten dazugekommen sind. Die Anstrengungen für den Umweltschutz der letzten Jahrzehnte haben sich bezahlt gemacht. Wilde Reiher brüten inzwischen in den Bäumen, bald ist wahrscheinlich der Uhu auch als Wildvogel wieder heimisch, der Kolkrabe wieder da.

Im Berliner Umland gibt es wieder Biber und Fischotter, mehr Störche denn je brüten dort, Kraniche ziehen wieder ihre Brut groß. In jüngerer Zeit wurden sogar schon wieder Seidenreiher gesichtet!

Die Tausenden von Kindern und Jugendlichen, die seit Jahrzehnten durch die Tierpark-Schule gegangen sind, die im Jugendklub mitgearbeitet haben und als Erwachsene nicht mehr mit ansehen wollten, wie ihre Welt immer ärmer wird; die Bürokraten, die von Dathe weichgeknetet wurden; die Politik, die zumindest in Teilen den Umweltgedanken begriffen hat – hier im Tierpark wurde unheimlich viel angestoßen, und es ist nur gerecht, dass dieses neue Leben, das so ermöglicht wurde, auch seinen Weg hierher findet.

Wir können aber auch am anderen Ende der Welt beginnen, auf der Insel Borneo im Indonesischen Archipel. Tief im Regenwald gibt es da eine Forschungsstation, die für das Überleben des Sabah-Nashorns kämpft. Experten des Instituts für Zoo- und Wildtierforschung, hervorgegangen aus Dathes Institut für Wirbeltierforschung, retten dort die letzten lebenden Exemplare des Sabah-Nashorns. Nur noch rund 50 seiner Art sind übrig. Es sind zwar die kleinsten Nashörner der Welt, aber der Verlust dieser Art wäre gewaltig. Dathes Erben setzen alles daran, das zu verhindern – genau wie er es ihnen ins Stammbuch schrieb. Jeder Verlust einer Art war für ihn eine Tragödie, die nicht wiedergutzumachen ist, der Kampf um die Vielfalt für ihn die wichtigste und vornehmste Begründung für den Betrieb eines Tierparks. Nur hier konnte man die seltensten Arten wirkungsvoll beschützen, wenn alles andere nichts mehr half. Und nur hier konnte man das Wissen gewinnen, um im Kampf für die Tiere auch in freier Wildbahn erfolgreich sein zu können. Rund um die Welt zeigt die Beteiligung des Tierparks an erfolgreichen Auswilderungsprogrammen, dass dieser Weg nicht vergebens sein muss.

Es ist noch nicht entschieden, ob es auch für das Sabah-Nashorn eine Zukunft geben wird. Aber wenn es gelingt, diese Art zu erhalten, dann hat die Zukunft dieser ausgefallenen Spezies in Berlin begonnen. Dann werden es zukünftige Generationen auf Borneo einem Mann mit Namen Dathe zu verdanken haben, dass ihr einzigartiges Naturerbe erhalten wurde – auch wenn sie nie von ihm gehört haben.

Aber zurück in den Tierpark, denn das ist ja Dathes eigentliche Welt. Das Schloss erstrahlt in vollem Glanz, sein Schloss, wenn man es recht betrachtet. Die Gartenanlagen sind in tadellosem Zustand. Hinten links gibt es immer noch die Schlangenfarm aus der Gründerzeit, die Dathes Fans in den 90er Jahren des letzten Jahrtausends vor der Schließung gerettet haben, gleich daneben das Krokodilhaus, in dem, wenn Sie sich mit Ihrem Besuch beeilen, vielleicht immer noch der alte China-Alligator Mao von Dathes ersten Jahren berichten könnte. Aber nein, Mao döst so gerne im warmen Sand, der hält die Klappe und behält die Geschichten aus der wilden Gründerzeit für sich.

Wir könnten auch am anderen Ende des Tierparks beginnen, bei Dathes letztem großen Werk, dem Elefantenhaus. Bei der Niederschrift dieses Buches wurde gerade wieder ein Elefantenkind geboren. Wie hätte er sich gefreut, dass es mit dem Rüssel-Nachwuchs endlich so wunderbar klappt.

Das neue Haus für afrikanische Primaten hätte ihm mit Sicherheit gut gefallen. Hell, großzügig und mit wundervollen Freiflächen, in denen die Tiere mehr Platz als in den meisten anderen Zoos dieser Welt haben – ganz in seinem Sinne.

Dathes Nachfolger hatten es natürlich schwer, so ein Erbe anzutreten, und nach dem unwürdigen Umgang mit ihm nach der Wende konnte man eigentlich nur alles falsch machen. Egal, ob seine Ideen nun gesiegt haben oder die Einsicht der neuen Macher – es ist immer noch wunderschön im Tierpark. Neue Anlagen kamen hinzu, die Stärken als Landschaftszoo wurden ganz gezielt weiter herausgestellt, die Pläne für die Zukunft, die einer Blaupause aus der Hand Dathes zu folgen scheinen, klingen plausibel. Zwei Zoos mit unterschiedlichen Ausrichtungen und ganz eigenen Stärken, die konsequent ausgebaut werden müssen.

Immer noch gibt es dabei die Angst, dass der Tierpark als Stiefkind der Einheit behandelt werden könnte, aber da sei die Fördergemeinschaft des Tierparks (und mittlerweile auch des Zoos, weil inzwischen alles eins ist) vor. Der Verein schrieb zum 100. Geburtstag Dathes im Jahr 2010 auch den Heinrich-Dathe-Preis aus, der an Kinder und Jugendliche verliehen werden soll, die sich um den Umweltschutz besonders verdient gemacht haben. Die Mitglieder der Fördergemeinschaft, von Dathe 1956 ins Leben gerufen, kümmern sich außerdem ehrenamtlich um die Betreuung des Schlosses im Tierpark. Auch hier wird das Erbe Dathes also gepflegt.

Unbestreitbar aber ist, dass die Stimme des Tierparks an Klang verloren hat, seit Dathe ihm nicht mehr vorsteht. Es ist heute schwieriger geworden, zur inflationären Zahl der Fernsehprogramme kam das Internet, und alle kämpfen um die Aufmerksamkeit eines immer träger werdenden Publikums. Aber darin liegt auch eine Chance. Wer so faszinierende Themen zu bieten hat wie der Tierpark, wer so ein überlebenswichtiges Anliegen hat in einer Zeit, in der immer noch jährlich bald 1000 Arten für immer von dieser Erde verschwinden, der muss sich, wie Dathe es tat, auf allen möglichen Kanälen Gehör verschaffen, der darf sich auch als wissenschaftliche Einrichtung nicht zu schade sein, in populärer Form für seine Grundideen einzutreten. Heute hat es eher den Anschein, als würden sich die Verantwortlichen hinter einem fachlichen Bollwerk gegen Angriffe selbsternannter Tierrechtsaktivisten verschanzen, statt selbst initiativ und offensiv an die Öffentlichkeit zu gehen.

Aufklären, warnen, überzeugen – für einen Tierpark gebe es keine wichtigere Aufgabe, sagte Dathe.

Dathes Erbe liegt aber nicht nur im Tierpark. Sein Beispiel und sein Vorbild können auch im Alltag wirksam werden. Entdeckungen können am nächsten Fenster beginnen. Fernseher aus, Augen auf, so könnte man seine unermüdlichen Appelle, sich auf die Faszination der Natur einzulassen, zusammenfassen. Dass er dabei so viel mehr sah als andere, sollte einen nicht entmutigen – es ist ein Geschenk, das er gerne und großzügig teilte. Heinrich Dathe hat ganzen Generationen beim ersten Schritt zu einem neuen Verständnis für ihre Umwelt und sich selbst geholfen, und durch seine gewaltige Hinterlassenschaft in Worten, Schriften und natürlich im ganzen Tierpark kann er immer noch den Weg zu einem Leben voller Wunder weisen.

Halten Sie die Augen offen.

Danksagung

Der Autor dankt den vielen Zeitzeugen, die mit ihm ihre Erinnerungen geteilt haben. Es waren bewegende Begegnungen mit wundervollen Menschen, die gemeinsam mit Dathe etwas Großartiges geschaffen haben und die immer noch die Begeisterung versprühen, die er in ihnen entfachte. Wertvolle Hilfe erfuhr der Autor auch durch die freundliche Unterstützung in Berliner Zeitungsarchiven und Bibliotheken. Von unschätzbarem Wert für ein tieferes Verständnis von Dathes Leben und Antrieb waren die Treffen mit seiner Witwe Elisabeth. Die Stunden mit ihr waren für den Autor ein inspirierendes Geschenk, das einen besonderen Platz in seinen Erinnerungen einnehmen wird.

Dringend ans Herz legen möchte der Autor allen Interessierten die Lektüre von Dathes Lebenserinnerungen (Heinrich Dathe, *Lebenserinnerungen eines leidenschaftlichen Tiergärtners*), die der Tierpark zu seinem 100. Geburtstag neu auflegen ließ und in seinem Shop vertreibt. Sie lassen diesen beeindruckenden Mann in seiner eigenen Sprache noch einmal in mitreißender Weise lebendig werden. Höchst unterhaltsam sind auch die im leider vergriffenen Taschenbuch *Unbedingt mausgrau* enthaltenen Erinnerungen des ersten Tierpflegerlehrlings Manfred Kofferschläger.

Entschuldigen möchte sich der Autor bei allen Wissenschaftlern für womöglich zu grobe Vereinfachungen oder zu flapsige Formulierungen. Er hat dennoch allergrößten Respekt vor ihrer Arbeit.

Tierisch genervt hat der Autor sein privates Umfeld und seine Familie während der Arbeiten an diesem Buch, wofür er sich ebenfalls entschuldigen möchte. Abgesagte Besuche, geplatzte Abendessen, verschobene Vogel-Exkursionen: Tut mit leid, Leute. Sorry, Piepsi!

Von Mäusen und Elefanten
Geschichte und Geschichten
vom Berliner Tierpark

Jürgen Mladek
Unser Tierpark-Buch

192 Seiten, geb., mit zahlreichen Abbildungen
ISBN 978-3-360-01987-5 | 14,95 €

Der Tierpark gehört zu Berlin wie der Fernsehturm, Berliner
Weiße und die Spree. Ein Buch für Tierparkfreunde, -kenner
und -liebhaber, aber natürlich auch für solche, die es werden
wollen. Ein buntes Bilder- und Geschichtenbuch, das durch die
Geschichte und die Anlage führt und den Tierpark, seine Bewohner und die Menschen, die sich um sie kümmern, vorstellt.

www.das-neue-berlin.de

Bildnachweis: Archiv des Berliner Verlags (Seiten: I, IV, V, VI, VII, XV);
Privat (Seiten: II, III, VIII/IX, X, XI, XII, XIII, XIV, XVI)

Leider konnten nicht in allen Fällen die Rechteinhaber ermittelt werden.
Berechtigte Honoraransprüche bleibe gewahrt.

ISBN 978-3-360-02104-5

1. Auflage
© 2010 Verlag Das Neue Berlin, Berlin
Umschlaggestaltung: Verlag, unter Verwendung
eines Motivs aus dem Archiv des Berliner Verlags
Druck und Bindung: CPI Moravia Books GmbH

Ein Verlagsverzeichnis schicken wir Ihnen gern:
Das Neue Berlin Verlagsgesellschaft mbH
Neue Grünstr. 18, 10179 Berlin
Tel. 01805/30 99 99
(0,14 €/Min., Mobil max. 0,42 €/Min.)

Die Bücher des Verlags Das Neue Berlin
erscheinen in der Eulenspiegel Verlagsgruppe.

www.das-neue-berlin.de